MÄDCHEN 14 Jahre GLÜCKLICH

Das lustige Ratgeberbuch für Mädchen.

Ein Geschenkbuch für Girls mit Rückblick über die vergangenen Jahre und tollen Tipps und Tricks für die Zukunft

Autorin

Sarah Berg

ISBN: 9798758188538

Inhalt

Einleitung

Hey, schön, dass du dich für dieses Buch entschieden hast. Ich bin, wie ich meine, eine nette Mutti mittleren Alters. Das genaue Alter verrate ich dir jetzt nicht, sonst denkst du bestimmt: „Man, ist die schon alt“. Ich habe zwei Kinder, 14 und 15 Jahre alt und du kannst es mir glauben, sie halten mich jeden Tag auf Trab. Durch meinen Beruf dachte ich, dass ich bereits alles erlebt habe, aber ich lerne täglich dazu. Meine Tochter probiert sich gerade im Bereich Klamotten aus. Selbstverständlich müssen es immer Markenklamotten sein, denn schließlich kann sie nicht mit einem Pullover „aus dem Discounter" bei ihren Freundinnen auftauchen, wie sie mir immer verkündet.

Klar, habe ich Verständnis. Ich kenne das ja von mir. Da war es nicht anders, aber sag es nicht weiter. Muss ja nicht jeder wissen. Kennst du das auch? „Der Rock ist zu kurz, die Hose hat Löcher, so kannst du nicht rausgehen.“ Diese Sprüche haben Eltern immer für ihre Kinder parat. Ich sag das auch und meine Eltern haben es schon zu mir gesagt. Scheint in Mode zu sein. Eventuell fällt Eltern auch nichts Neues mehr ein. Verrate es nicht, aber der Keller ist ein fantastischer Platz, um sein Lieblingsoberteil oder seine Lieblingsjeans doch noch anziehen zu können. Lachst du gerade? Ist das nicht bei allen Mädchen mit 14 Jahren so? Ich denke schon, denn mit 14 hat man seinen eigenen Kopf, seine eigenen Vorstellungen und möchte sich selbst ausprobieren. Ich kann dir nur einen Tipp geben: Mach es, aber denke immer vorher nach, ob du deine Entscheidungen nicht bereuen könntest.

Hast du schon einmal die Schminke von deiner Mama ausgeliehen? Heimlich, meine ich. Ich habe das ständig gemacht. Schließlich hatte sie ja soviel davon. Da gab es zudem einen Jungen in meiner Schule. Man, war der Klasse, und dem musste ich ja irgendwie imponieren. Naja, ich habe ihn vor einiger Zeit wiedergesehen, keine Ahnung, was ich an dem toll fand. Egal, damals war er der heißeste Junge unserer Schule und ich wollte ihm zeigen, dass ich genauso cool bin wie er. Mhhh und dann kam die Sache mit der Zahnspange. Muss ich noch mehr sagen? Ich dachte damals, mein Leben sei zu Ende, jetzt fehlt nur noch die Brille und weißt du was? Er fand meine Zahnspange gar nicht schlimm. Die Brille bekam ich später, aber genug davon. Lies weiter und sei gespannt, welche Ausreden ich hatte, was ich so angestellt habe und wie ich mit nervenden Eltern und Geschwistern umgegangen bin. Die können aber auch schon mal nerven.. Man oh man.

Rückblick vergangener Jahre

Erinnerst du dich noch an deine Zeit als kleiner Wurm im Kinderwagen oder an deine Krabbelgruppe, und später an den Kindergarten? Die ersten Freunde, gemeinsames Singen in der Gruppe und natürlich deine Einschulung. Das war bestimmt eine spannende Zeit. Bist du noch mit jemandem von damals befreundet? Es ist toll, wenn man wichtige Momente mit der besten Freundin teilen kann. Sicherlich ist es lustig, wenn ihr euch gemeinsam an die Zeit zurück erinnert. Sicherlich fallen dir tolle Sachen ein, die deine Freundin vergessen hat und umgekehrt genauso. Ihr solltet mal einen Abend zusammen verbringen, euch in den Schlafanzug schmeißen, natürlich mit Chips, was leckerem zu Trinken und euch Dinge von früher erzählen.

Hallo Leute, hier bin ich und mach euch das Leben schwer

Mama und Papa waren bestimmt sehr stolz, als du sie das erste Mal angelächelt hast, als du das erste Mal geschrien, und das erste Mal gestrampelt hast. Die schlaflosen Nächte und die vollen Windeln zählen sicherlich nicht zu den Lieblingserinnerungen deiner Eltern, aber wie sieht es mit dir aus? Kannst du dich noch an etwas erinnern? Eventuell fragst du deine Eltern oder schaust dir alte Babyalben an.

Weißt du noch, wann du dich alleine drehen konntest, oder wann du angefangen hast zu krabbeln? Wie alt warst du, als du dein erstes Wort gesprochen hast und welches war es? Wurdest du von deiner Mama gestillt oder hast du direkt ein Fläschchen bekommen? Ich muss gestehen, viele dieser Fragen könnte ich gar nicht mehr beantworten. Hattest du ein Lieblingsspielzeug oder ein besonderes Stofftier? Wie hieß es? Ich habe einen Hund mit zwei Beinen geschenkt bekommen. Hast du schon einmal einen Hund mit zwei Beinen gesehen? Ich glaube da war etwas schief gelaufen. Jedenfalls besitze ich ihn immer noch. Er ist schon viele Jahre alt und meine Oma hat ihn mir einmal genäht. Das sieht man immer noch. Ich weiß noch, wie er in die Waschmaschine musste.. Oh, das möchtest du gar nicht wissen. Ich habe geschrien und geweint. Naja damals dachte ich, dass der Kleine ertrinken würde.

Bei meinen Kindern ist das ähnlich gewesen. Eigentlich wiederholt sich glaube ich alles. Viele Dinge, die ich gemacht habe, machen meine Kinder heute auch. Daher habe ich wahrscheinlich auch den sechsten Sinn. Ich weiß oftmals, wenn meine Beiden schwindeln. Sie denken dann, dass sie es geschafft haben, mich zu hintergehen, aber ich weiß es. Deinen Eltern geht es sicherlich auch so. Sie kennen dich am besten, und deine Persönlichkeit hast du bereits als Baby entwickelt, auch wenn sie da noch nicht ganz ausgereift war.

Von der Krabbelgruppe in den Kindergarten

Warst du als Kleinkind in einer Krabbelgruppe? Manche Eltern machen dies mit ihren Kindern, damit sie Freundschaften schließen können und das soziale Verhalten gefördert wird. Andere Kinder besuchen lediglich den Kindergarten, was auch ausreichend ist. Der Kindergarten war bei meinen Kindern eine tolle Erfahrung. Sie sind mit dem ein oder anderen Kind, naja heute sind es ja mittlerweile Jugendliche, auch heute noch befreundet.

Sie liebten ihre Kindergärtnerin. Sie war aber auch toll und hat jeden Blödsinn mitgemacht. Hattest du auch eine Kindergärtnerin oder einen Kindergärtner? Diese Zeit im Kindergarten bleibt sicherlich in bleibender Erinnerung. Hast du eventuell auch noch Fotos aus dieser Zeit? Diese bieten sich hervorragend als Geschenk für Mama oder Papa an. Eltern freuen sich doch immer über Bilder ihrer Kinder. Da kommen dann so Aussagen wie: „Och wie süß!“ Und „Weißt du noch?“ Weißt du wahrscheinlich nicht mehr, aber ist doch egal, Hauptsache du konntest jemandem eine große Freude machen.

Endlich Schulkind, jetzt hau ich auf die Pauke

Der erste Schultag. Endlich bist du ein I-Dötzchen. Oh, was ist das spannend, alle machen sich schick und du hast deine eigene Schultüte. Was da wohl alles drinnen ist? Wie aufregend und endlich kannst du deinen neuen Schulranzen anziehen. Sicherlich warst du an diesem Tag besonders stolz. Die ganze Familie ist bei der Einschulung immer aus dem Häuschen. Es ist ja auch ein ganz besonderer Tag, den man nur einmal in seinem Leben erfährt.

Am Tag der Einschulung dreht sich alles um das Schulkind. Das war bei dir sicherlich auch so. Weißt du noch, was du in deiner Schultüte hattest? Sicherlich Schulsachen, aber auch Süßigkeiten und vielleicht auch eine zusätzliche tolle Überraschung. Eigentlich ist es fast immer so, und dann kommen noch Oma und Opa, die Paten, Freunde und und

und. Alle möchten dir gratulieren und es gibt Geschenke. Die haben dir bestimmt am besten gefallen, oder wie war es bei dir?

Ich bin nicht zickig, ich bin cool

Kennst du die Aussage auch?: „Sei doch nicht immer so zickig.“ Naja, es ist eben wie es ist und du denkst dir dann sicherlich auch: „Ich bin nicht zickig, ich bin cool und Mädchen in meinem Alter sind einfach so". Es ist schwer, gerade, wenn man von der Grundschule auf die weiterführende Schule kommt. Man muss sich anpassen, lernt neue Menschen kennen und natürlich auch neue Lehrer. Man muss mit so vielen neuen Situationen klar kommen, dann ist man schnell mal überfordert und da darf man auch einmal zickig sein.

In der neuen Schule trifft man auf Menschen, die man besonders toll findet und auf Andere, die man einfach nicht leiden mag. Es gibt aber auch doofe Menschen, oder? Die ersten Jungs kommen natürlich auch ins Spiel. Sicherlich hast du bereits in der 5. oder 6. Klasse einen Jungen gehabt, den du echt gerne hattest oder er dich. Meine Kinder haben immer so Zettel geschrieben: „Willst du mit mir gehen?“ Der Junge musste dann ankreuzen: „Ja, nein, vielleicht“. Es war eine Katastrophe, wenn der Andere dann kein Interesse hatte, aber das ist auch jetzt noch nicht anders geworden.

Meine ersten 14 Jahre - So sehe ich mich

Ich sehe mich als ein eher ruhiges Mädchen was aber trotzdem aufgeschossen und selbstbewusst ist. Ich lache gerne mit Freunden und höre gerne ruhige, traurige Musik sowie lese und schaue ich gerne Liebesgeschichten. Meiner Meinung nach bin ich für mein alter sehr bedacht und "anders" als die Leute in meinem Alter.

Meine ersten 14 Jahre - So sieht mich meine Familie

Ich mag meine Familie ,neia kommt darauf an wer aus meiner Familie

Ich bin kein Baby mehr, behandelt mich auch nicht so

Du bist nun 14 Jahre alt und so nach und nach verändert sich dein Körper. Viele Dinge, die dir früher wichtig waren, sind es plötzlich nicht mehr. Das ist völlig in Ordnung und eine ganz normale Entwicklung. Plötzlich sind Mama und Papa nicht mehr der Fels in der Brandung und du beginnst dich abzunabeln. Du möchtest eigenständiger behandelt werden. Du hast vielleicht das Gefühl, dass du noch wie ein Baby behandelt wirst. Für deine Eltern wirst du immer das Kind, das Baby bleiben. Das wird dir später mit deinen eigenen Kindern nicht anders ergehen. Sei also nicht zu streng mit deinen Eltern, wenn du wieder einmal das Gefühl hast, sie behandeln dich nicht deinem Alter entsprechend. Versuche mit ihnen darüber zu reden. Sage ihnen, wie das für dich ist, wie du dich dabei fühlst und was in dir vorgeht. Denke immer daran, dass deine Eltern auch einmal in der gleichen Situation mit ihren Eltern waren. Es lässt sich sicherlich eine Lösung finden. Deine Eltern werden dich dein Leben lang beschützen und werden sich ein Leben lang Sorgen um dich machen, und das ist doch auch ein schönes Gefühl. Im Alter von 14 Jahren kann das aber schon mal nervig sein. Du möchtest dich ausprobieren, freier agieren und deinen Eltern nicht mehr alles auf die Nase binden. Du möchtest selbstständiger sein und nicht das Gefühl haben, deine Eltern wissen rund um die Uhr über dich Bescheid.

Versuche mit deinen Eltern eine Lösung zu finden, wie sie mit dir umgehen und mit dir reden, ohne dass du dich bevormundet fühlst. Gebe ihnen zu verstehen, dass du eigenständig entscheiden möchtest, zumindest bei einigen Themen, du mehr Verantwortung für dich selbst übernehmen möchtest und das auch kannst. Natürlich ist es wichtig, dass du Versprechen einhältst und deinen Eltern zeigst, dass sie dir vertrauen können. Bespreche mit ihnen, was ihr machen könnt, um die Situation zu meistern. Deine Eltern könnten sich mit diversen

Kontrollfragen, die nerven, einfach mehr zurückhalten. Gebe ihnen zu verstehen, dass die immer gleichen Fragen dir tierisch auf die Nerven gehen, und sie dir damit das Gefühl geben, sie vertrauen dir nicht. Wie auch kleine Kinder versuchen, ihre Grenzen auszutesten, wird das in der Pubertät wieder passieren. Die Pubertät ist die Zeit, in der du anfängst zu rebellieren und Dinge in Frage zu stellen. Vorwürfe von den Eltern kommen da ganz schlecht an. Gemecker und Geschimpfe sind auch nicht das Wahre und bringen dich vielleicht auch manchmal zur Weißglut. Wer will sich schon dauernd rechtfertigen müssen. Naja, und kleine Geheimnisse haben wir doch alle, oder?

Erinnere deine Eltern doch einmal daran, wie es ihnen in deinem Alter ging. Wie sie sich in der Zeit gefühlt haben, wenn ihre Eltern mit ihnen so umgingen, wie sie dies jetzt mit dir machen. Aufregen und Türen knallen ist eine Reaktion, welche auch verständlich ist und wir alle mal durchgeführt haben. Die Tür kann jedoch nichts dafür, wenn es ein Kommunikationsproblem gibt. Helfen tut es allerdings nichts und manchmal handelst du dir mit einer solchen unkontrollierten Geste nur Ärger ein. Besser ist es, wenn beide Seiten erst einmal tief durchatmen, sich vielleicht sogar für eine gewisse Zeit aus dem Weg gehen, und dann, wenn die Wut verraucht ist, sich nochmal zusammensetzen und reden. So können beide Parteien runterkommen und nachdenken. Beide Seiten sollten sich genau überlegen, was sie sich danach sagen möchten und wie sie es sagen können, ohne die andere Partei zu verletzen. Die Botschaften von deinen Eltern und dir sollten klar ausgedrückt werden, damit es nicht zu Missverständnissen kommt.

Die Zeit in der Pubertät ist sowohl für dich, als auch für deine Eltern eine Herausforderung. Sicherlich könntest du jetzt denken, dass die Pubertät immer vorgeschoben wird. Manchmal ist das sicherlich auch so. Dann, wenn deine Eltern nicht weiter wissen. Ja genau, Eltern wissen auch nicht immer alles und kommen sicherlich mal an ihre Grenzen. Die Nähe, die einmal zu deinen Eltern da war als du noch klein warst, wandelt sich. Sie ist immer noch da, aber es ist anders. So manche Sachen, die für dich früher total normal waren, gehen plötzlich nicht mehr. Das ist für dich genauso schwer, wie für deine Eltern. Bist du vor zwei Jahren vielleicht nur in Unterhose durch den Garten gerannt, während dein Papa dich mit dem Wasserschlauch nass gespritzt hat, ist es dir auf einmal peinlich, wenn er dich so sieht. Diese Gefühle werden dich verwirren, sowie auch deine Eltern, aber es ist ganz normal. Wichtig ist, dass diese Gefühle beider Seiten, sowie die Probleme, die eventuell eintreten, von allen akzeptiert und respektiert werden. Es geht nicht einfach so vorbei. Eigentlich brauchst du gerade jetzt deine Eltern, um Antworten auf die Fragen zu finden. Denn sie haben diese Phase schon selber durchgemacht und vielleicht auch schon mit einem deiner älteren Geschwister erlebt. Für dich, sowie auch deine Freunde in deinem Alter, ist es eine neue Situation. Sicherlich ist es auch hilfreich mit den Freunden darüber zu reden, denn sie verstehen was in dir vorgeht, sind aber in derselben Situation und suchen Antworten auf viele Fragen.

Deine Eltern, sowie du, sollten aufeinander eingehen. Jede Seite sollte der Anderen zeigen, dass sie Verständnis für den Anderen hat. Behandelt euch auf jeden Fall mit Respekt. Deine Eltern möchten dich natürlich auch gerne vor Fehlern, die sie gemacht haben, beschützen. Du solltest ihnen eine Chance geben, denn, wenn du mal für dich selbst überlegst, sind sie vielleicht gar nicht so uncool, wie du gerade denken magst. Sie dürfen es nur nicht zeigen. Sie sind schließlich ein Vorbild oder sollten eines sein.

Kuscheln ist ja toll, aber bitte nicht mehr in der Öffentlichkeit

Du weißt sicherlich noch, wie du früher oft auf Mamas und Papas Schoß gesessen hast oder hoppe, hoppe Reiter gespielt hast. Du kennst bestimmt auch noch: „ Wer kommt in meine Arme?“.

Die Zeit kommt allmählich, in der dir dieses Kuscheln, zumindest in der Öffentlichkeit, gar nicht mehr gefällt. Dir ist es peinlich. Für deine Eltern ist das sehr schwer, dir diese Nähe plötzlich nicht mehr geben zu dürfen. Liebe und Zuneigung zeigen, geht über das Kuscheln, den anderen berühren, Küsschen geben, in den Arm nehmen. Deine Eltern haben dir bis zu diesem Tage immer so gezeigt, wie lieb sie dich haben, da diese Dinge am stärksten die Zuneigung ausdrücken. Von jetzt auf gleich, dir nicht mehr in der Weise nahe sein zu können, bricht ihnen fast das Herz. Stelle dir einmal vor, du hast ein Haustier, das du über alles liebst, mit dem du spielst, das du streichelst und im Arm hältst, und auf einmal will dieses das nicht mehr und zeigt dir die kalte Schulter. Da wärst du auch verdammt traurig.

Als Baby hast du ein wahnsinniges Bedürfnis nach körperlicher Nähe. Die Wissenschaft zeigt, dass Kuscheln überlebenswichtig ist und zudem klug macht. Streicheleinheiten, sowie die körperliche Nähe sind, gerade für Babys, enorm wichtig. Gerade in schwierigen Situationen spenden sie dir Trost und auf eine unmissverständliche und ganz einfache Weise sagen deine Eltern dir damit: „Wir lieben dich“. Es gibt nichts schöneres als diese Nähe. Dann kommt die Zeit für dich, wo du zu cool zum Kuscheln bist. Du findest es auf einmal blöd, diese Nähe zu den Eltern. Deine Eltern wissen, dass diese Zeit kommen wird, doch wenn sie dann da ist, ist es dennoch schwierig für sie, dich plötzlich ein Stück weit loslassen zu müssen. Wenn es dir peinlich wird, ist es wichtig, deine Eltern nicht zu heftig zurückzuweisen. Gib ihnen einfach ein bisschen Zeit.

Im Grunde sind sie genauso durcheinander wie du auch. Genauso wie du nicht weißt, wie du mit ihnen umgehen sollst, wissen sie nicht, wie sie mit dir umgehen sollen. Gerade für Mädchen, die sich langsam zur Frau entwickeln, ist eine bestimmte körperliche Distanz sehr wichtig, und das von Seiten der Eltern bestimmte Regeln eingehalten werden. Zumindest was Berührungen betrifft. Du hast jetzt Tabuzonen am Körper, die für deine Eltern, aber auch für alle anderen Menschen tabu sein sollen. Auch hier sind Gespräche wichtig, wie gegenseitige Akzeptanz, Rücksicht und Respekt. Sprecht über eure Gefühle, was euch bewegt und in euch vorgeht. Es gibt ein schönes Sprichwort: „Nur sprechenden Menschen kann geholfen werden.“ Das trifft es auf den Punkt.

Früher fand ich Teddy und Co. toll, heute interessieren mich Jungs

Wie bereits erwähnt, verlagert sich das Interesse bei dir. Dazu gehören auch Kuscheltiere. Das heißgeliebte Kuscheltier deiner Kindheit hat zwar in deinem Leben noch eine Bedeutung und sitzt vielleicht auch noch auf deinem Bett, aber es hat nicht mehr den Stellenwert wie früher. Bist du einsam, traurig, durcheinander, ist es immer noch dein Tröster schlechthin, der dir zur Seite steht und für dich da ist, doch andere Dinge erregen jetzt immer mehr deine Aufmerksamkeit. Kuscheln interessiert dich immer noch, aber anstatt mit deinen Eltern oder deinem Kuscheltier, stellst du dir nun vor, wie es ist, mit einem Jungen zu kuscheln. Plötzlich siehst du die Jungs mit anderen Augen. Hieß es vor einigen Jahren noch: „Ihh, Jungs küssen, wie eklig", beginnen auf einmal in deinem Bauch, Schmetterlinge zu tanzen, wenn du an einen bestimmten Jungen denkst. Hast du dich früher mit deinen Freundinnen über Kuscheltiere und Puppen ausgetauscht, drehen sich die Gespräche plötzlich um Jungs und Stars, die dir den Kopf verdrehen. Die Schwärmerei verlagert sich vom Kuscheltier auf die männliche Spezies.

Jetzt bin ich 14. Was ich ab sofort nicht mehr hören möchte

Eltern haben immer so tolle Weisheiten auf Lager, wie beispielsweise: „So lange du deine Füße unter meinen Tisch stellst, musst du dich an meine Regeln halten“ oder „wer im Glashaus sitzt, der sollte nicht mit Steinen werfen.“ Kommen dir diese Aussagen bekannt vor? Ich kenne sie von meinen Eltern und ich muss zugeben, irgendwie habe ich sie übernommen und wende sie auch bei meinen Kindern an. Sie verdrehen dann immer die Augen. Klar, ich nerve sie. Ich glaube das es jedoch einfach was damit zu tun hat, womit man aufgewachsen ist. Man kennt diese Aussagen, hat sie selber immer wieder gehört und irgendwann verinnerlicht.

So lange du deine Füße unter unseren Tisch stellst.......

Welches Kind hat diesen Spruch in seiner Kindheit nicht mehr als einmal gehört? Damit wollen deine Eltern dir zu verstehen geben, dass sie dir ein Mitspracherecht absprechen. Das ist ebenso wenig hilfreich wie zeitgemäß. Gerade in der Pubertät fängst du an, dir deine eigene Meinung zu bilden und darauf zu bestehen, eine eigene Meinung zu haben. Eine lange Zeit waren deine Eltern dein Vorbild und das, was sie dir gesagt haben, hast du in vielen Situationen auch gemacht. Sie wachten über dich, passten auf dich auf und du wusstest, dass dir nichts passieren kann. Deine Eltern sind die Menschen, denen du von Anfang an vertraust. Du legst dein Leben in ihre Arme. Dir kann nichts passieren. So ist dein Gefühl, wenn du das machst, was sie sagen. Doch allmählich beginnst du oftmals das, was sie dir sagen, oder von dir möchten, in Frage zu stellen. Kann das alles richtig sein? Du hast eine ganz andere Meinung und möchtest diese auch vertreten. Super, das solltest du auch, denn du bist ein eigenständiger Mensch. Wichtig hierbei ist, dass du abwägst, ob nicht ein bisschen was von dem richtig sein könnte, was deine Eltern dir versuchen zu vermitteln.

Es ist ganz normal, dass du deine eigenen Erfahrungen sammeln möchtest und das du über bestimmte Dinge anders denkst als deine Eltern. Du beginnst eigene Lösungen zu finden und denkst darüber nach, ob es nicht auch anders sein könnte und ob das, was deine Eltern dir sagen, immer das Richtige ist. Ich bin mir sicher, dass deine Eltern aus Erfahrung sprechen. Zahlreiche Situationen, die du gerade durchlebst, haben sie bereits durchlebt und wissen was passieren kann. Sie sollten jedoch mehr auf dich zugehen und mit dir gemeinsam eine Lösung finden, einen Mittelweg. Sie könnten beispielsweise sagen: „Ich möchte hier eine andere Regelung mit dir gemeinsam finden. Eine Regelung zu unserer beider Zufriedenheit.“ Wichtig ist, dass du das Gefühl hast, sie nehmen dich ernst und möchten deine Meinung hören. Sie möchten dich in ihre Entscheidungen mit einbeziehen und dir ein Mitspracherecht einräumen. Sie möchten dir zeigen, dass sie viel von dir halten und es ihnen wichtig ist, was in dir vorgeht und wie du über die Dinge denkst. Handelt gemeinsam einen Kompromiss aus, mit dem alle leben können. Glaub mir, dann sind deine Eltern entspannter und sicherlich auch du.

Du lernst nicht für uns, sondern fürs Leben

Konntest du es als kleines Kind kaum erwarten, ein Schulkind zu werden? Irgendwann ist dann die Zeit gekommen, wo die Schule weniger Spaß gemacht hat. Je höher die Klasse, in der du bist, desto schwieriger wird es. Der Lehrstoff ist schwierig, man muss mehr Zuhause lernen und sitzt stundenlang über seinen Büchern. Eigentlich hat man so gar keine Lust zu lernen und würde lieber seine Freizeit genießen. Kommt dann noch die Pubertät dazu, wird es umso schwieriger. In der Pubertät denkst du an alles andere, aber nicht mehr an die Schule. Dein Gehirn ist in der Umbauphase. Hört sich komisch an, ist aber so. Du beginnst damit, nach deiner eigenen Identität zu suchen. Du grenzt dich von deinen Eltern und der Welt der Erwachsenen ab. Dies ist ein enorm wichtiger Prozess für deine weitere Entwicklung. Auch deine Eltern haben diesen Prozess durchgemacht. Kommt es zu Streitigkeiten zwischen euch, auch was die Schule betrifft, erinnere deine Eltern daran, dass auch sie mal in der Pubertät waren und in derselben Situation wie du. Frage sie, wie sie sich dabei gefühlt haben. Es kann natürlich sein, dass deine Eltern dir dann sagen: „Damals war noch alles anders“. Das ist sicherlich auch richtig, aber die Probleme und Sorgen, die du heute hast, und auch das Lernen für die Schule, gab es auch schon früher.

Was du in der Zeit von deinen Eltern brauchst, ist Verständnis, sowie Interesse und Offenheit. Gerade das sture Auswendiglernen fällt dir in der Pubertät schwer. Dein Gehirn braucht neue Impulse, da reicht es nicht mehr Lehrstoff stur auswendig zu lernen. Spielerische Ansätze können dir helfen, den neuen Stoff aufzunehmen. Deine Eltern könnten mit dir ein Quiz zu einer Geschichtslektüre entwickeln, welches beim Abendessen von den Familienmitgliedern gelöst werden muss. Eine weitere Möglichkeit ist, was du gelernt hast, als „Mindmap“ darzustellen. Sogar die guten alten Spickzettel, natürlich nicht während einer Klausur, sind eine Lernmethode, die sehr effektiv ist. Du fasst die Daten auf dem Spickzettel extrem komprimiert zusammen. So prägst du sie dir besser ein.

Besonders während der Pubertät sind Erfolgserlebnisse für dich wichtig. Läuft es nicht gut in der Schule, merkst du, wie du immer lustloser wirst und dich nicht mehr wirklich zu etwas aufraffen kannst. Deine freie Zeit einzuschränken sollte nicht die Methode deiner Eltern sein, dich zum Lernen zu motivieren. Besser wären Aktivitäten, die mit der Schule nichts zu tun haben. Egal, ob eine Sportart oder einfach nur mit Freunden treffen. Du kannst dich so selber beweisen, erhältst Anerkennung und sammelst Erfolgserlebnisse. Für dein Selbstwertgefühl ist das sehr wichtig. Oft wird dies durch schlechte Noten, sowie Problemen in der Schule geschwächt. Die Hausaufgaben sollten aber vor der Freizeit erledigt sein, denn später hast du auf diese keine Lust mehr. Sehr wichtig ist Lob. Dies kann auch gerne nur für Kleinigkeiten sein, die ansonsten eigentlich selbstverständlich sind. Wenn du beispielsweise am Morgen lächelst, den Müll herausgetragen hast oder du dich an einer Matheaufgabe versuchst. Bekommst du für solche Dinge von deinen Eltern ein Lob, gibt dir dieses Kraft und Motivation. Die Null-Bock-Haltung und ein Leistungsabfall in der Schule tun nicht nur dir nicht gut, sondern die ganze Familie ist davon betroffen.

Der Familienfrieden kann da schon gestört werden. In dieser Zeit ist es wichtiger denn je, gemeinsam Zeit miteinander zu verbringen und das regelmäßig. Es muss nichts Großartiges und Aufwendiges sein. Gemeinsam kochen, ein Spieleabend oder ein gemeinsamer Fernsehabend. Es geht alles, worauf ihr Lust habt. Eine Mahlzeit am Tag gemeinsam einzunehmen ist schon ein sehr guter Anfang. Wichtig ist, in der Zeit über alles andere zu sprechen, außer über die Schule und den mangelnden Antrieb. Die digitalen Medien sind heutzutage nicht mehr wegzudenken. Viele Jugendliche lähmt das. Anders als früher, verbringen Jugendliche sehr viel Zeit mit Fernseher, Computer, Handy und Co. Du kannst damit total abtauchen. Das echte Leben kann da schon mal in den Hintergrund geraten. Strikte Verbote helfen dir da nicht. Besser wäre es, einen Vertrag mit deinen Eltern zu schließen, wie viel Zeit dir für diese Dinge zur Verfügung steht und es außer den Dingen auch noch etwas anderes gibt, wie zum Beispiel die frische Luft draußen und die Natur. Die frische Luft bringt den Kreislauf in Schwung, den Stoffwechsel und deine Durchblutung. Ausreichend Schlaf ist für dich ebenfalls sehr wichtig. Unmotiviert zu sein hat oftmals mit Übermüdung zu tun.

Eventuell denkst du jetzt, dass du das alles schon einmal gehört hast. Aber dann muss doch etwas dran sein, oder? Ich sage zu meinen Kindern immer, auch wieder so ein Spruch, „erst die Arbeit, dann das Vergnügen." Mittlerweile kriegen sie es auch ganz gut hin. Sie merken, wenn sie ihre Pflichten, die wir alle haben, erfüllt haben, dass ich auch öfter mal ein Auge zudrücke, wenn es um die Nutzung von Handy und

Co. geht. Ich lasse sie auch in der Woche einmal eine Stunde länger wach bleiben oder sie dürfen ein bisschen länger draußen sein. Es ist ein Geben und Nehmen. Kann ich mich auf meine Kinder verlassen, dann können sie das auch auf mich und ich bin bereit, ihnen entgegenzukommen. Versuche es doch einmal, aber erwarte keine Veränderung an einem Tag oder innerhalb von einer Woche. Deine Eltern müssen bemerken, dass du deine Einstellung dauerhaft geändert hast, sonst könnte es heißen: „Da ist doch was im Busch“ oder „irgendwas möchte sie, sonst würde sie nicht so bereitwillig helfen oder lernen.“ Ja, ja, na klar ist da was im Busch, aber das musst du ihnen ja nicht verraten. Du kannst einfach sagen, dass du jetzt langsam erwachsen wirst und weißt worauf es ankommt. Ich glaube, deine Eltern werden dich erst einmal irritiert angucken oder einmal kräftig schlucken. Perfekt, du bist deinem Ziel einen Schritt näher gekommen.

Dafür bist du noch zu klein

Kinder möchten sich ausprobieren, ihre Grenzen austesten und erfahren, was sie (schon) können und was nicht. Sie sind neugierig und möchten den Erwachsenen nacheifern. Deine Eltern wollen dich vor allem beschützen. Im Grunde ist das löblich und so soll es auch sein, doch für deinen Entwicklungsprozess ist es wichtig, dich auszuprobieren und Fehler machen zu können. Denn, und das ist ein weiteres Sprichwort, was du wohl schon oft gehört hast: „Aus Fehlern lernt man“. Sicherlich ist es dir auch schon passiert, dass Mama oder Papa meinten: „Komm ich mache das schnell selber“ oder „Lass mich das machen“. Es kann sein, dass deine Eltern gerade unter Zeitdruck stehen und denken, sie könnten es schneller erledigen als du. Auch wenn bei deinem Selbstversuch etwas kaputt gehen sollte, ist es wichtig für dich und dein Selbstbewusstsein, Dinge selber zu machen. Das gilt auch für Dinge, bei denen es um Verständnis geht. Deine Eltern geben dir mit diesem Satz das Gefühl, dass du dieses oder jenes noch nicht verstehst.

Sie meinen es sicher nicht böse. Sie sind der Meinung, dass dir dieses oder jenes noch nicht zugemutet oder zugetraut werden kann. Allerdings kann Kindern mehr zugemutet oder zugetraut werden als Eltern oftmals denken. Natürlich braucht es Zeit und Geduld um dir dieses und jenes zu vermitteln. Es ist wichtig für dich, zu lernen mit Rückschlägen und Herausforderungen umgehen zu können, und diese auch zu bewältigen. Resilienz ist dabei das Zauberwort. Sie erlaubt es uns Menschen, aus schwierigen Situationen gestärkt hervor zu gehen. Dazu brauchst du ein starkes Selbstvertrauen. Deine Eltern sollten dir immer Mut machen und dir den Rücken stärken. Sie sollten dir zeigen, dass sie, egal was passiert, dir etwas zutrauen. Egal in welchem Alter du bist, du bist immer der Meinung, dass du für dieses und jenes alt genug bist. Deine Eltern hingegen haben Angst, dass du dich verletzen könntest und dich vielleicht überschätzt. Genauso können sie dir dies auch sagen. Das ist besser als dir zu sagen, du wärst dafür noch zu klein. Du wirst zwar immer noch der Meinung sein, dass du alles kannst, die Allergrößte bist und dich nichts stoppen kann auf dieser Welt, doch du wirst überlegen.

Ich zähle jetzt bis 3 ....

Diese Methode hat sich in der Erziehung bewährt. Deine Eltern geben dir damit die Möglichkeit, deine Situation in einer bestimmten Zeit noch zu verändern. Sie signalisieren dir, dass sie Verständnis für dich und deine Situation haben und das, was du gerade machst, nicht gerne beenden möchten. Sie sollten sich auch Konsequenzen zurechtgelegt haben, wenn du nach der angegebenen Zeit, deine Situation nicht verändert hast. Nur weil du in einer bestimmten Situation, in die du vertieft bist, deine Mutter oder deinen Vater nicht hörst, heißt das nicht, dass du sie nicht hören willst. Oft ist es so, dass du sie wirklich nicht hörst. Du bist gerade in deiner ganz eigenen Welt und total versunken in dem, was du gerade machst. Du blendest die Stimmen und die Geräusche in einem solchen Moment komplett aus. Dich anzusprechen hat dann wenig Sinn. Besser wäre es, deine Eltern berühren dich oder stellen Augenkontakt zu dir her. Sie müssen verstehen, dass du es nicht böse meinst und sie nicht ärgern willst. Sie sollten dir zu verstehen geben, dass sie Verständnis für das haben, was du gerade tust, aber es nun Zeit ist zu gehen. Mit der 1-2-3 Methode kann das gelingen. Sie soll ein spielerisches Element sein, damit du Selbstwirksamkeit erfahren kannst. Zudem wird dir so die Chance gegeben, deine Zeit bis sich deine Situation ändert, selber einzuteilen. Während du das, was du tust, bei eins und zwei vielleicht noch nicht änderst, wirst du es bei drei dann tun. Du bekommst so nicht das Gefühl, der Situation einfach ausgeliefert zu sein. Dir wird die Möglichkeit gegeben, deine Zeit selbst zu nutzen. Die Zahlen lassen sich noch verändern und die Zeit verlängern, durch Zählarten wie eindreiviertel, zweieinhalb und so weiter. Die Situation kann so aufgelockert werden.

Jetzt aber ab ins Bett, morgen ist Schule

Deine Eltern wollen sicher sein, dass du ausgeschlafen zur Schule gehst. Es ist ihnen wichtig, da du nur ausgeschlafen aufnahmefähig bist. Sie meinen es also nicht böse, wenn sie dich ins Bett schicken. Ab einem gewissen Alter mag dir das extrem auf die Nerven gehen. Du möchtest mehr Verantwortung für dich und dein Leben übernehmen und Dinge selber entscheiden. Bespreche das mit ihnen. Du kennst es sicher auch, du sollst ins Bett und bist nicht müde. Das Resultat: Du liegst im Bett, kannst aber nicht einschlafen. Da kommt dann auch schon mal der Satz: „Der Körper ruht aber." Mache deinen Eltern doch mal den Vorschlag, die Situation mit deinen Augen zu betrachten. So können sie dich besser verstehen. Deine Eltern unterhalten sich gerade angeregt oder lesen etwas spannendes, und plötzlich sagst du: „Ab ins Bett!" Sie werden sich unbehaglich fühlen, egal wie freundlich du es gesagt hast. Dein Zeitempfinden verlagert sich in der Pubertät. Du verhältst dich nicht mit Absicht anders, du kannst einfach nicht anders.

Du weißt am besten, wann du müde bist und es Zeit ist, ins Bett zu gehen. Natürlich macht es nicht viel Sinn, bis drei Uhr morgens aufzubleiben, wenn am nächsten Tag Schule ist. Denn dann bist du garantiert nicht ausgeschlafen. Um acht Uhr ins Bett ist aber sicherlich auch nicht im Sinne des Erfinders. Babys wissen schon, wann sie müde sind und wann nicht. Setze dich mit deinen Eltern zusammen und redet darüber. Wie wäre es mit einem Experiment am Wochenende? Du gehst zu der Zeit, zu der du müde bist, ins Bett und stellst den Wecker auf die Uhrzeit, zu der du in der Woche aufstehen musst. Je älter das Kind wird, desto weniger Schlaf braucht es. Ab etwa 12 Jahren verkürzt sich deine Schlafdauer, was nicht heißt, dass du mit vier Stunden Schlaf auskommst und die Nacht zum Tag machen solltest. Versuche doch gemeinsam mit deinen Eltern herauszufinden, zu welcher Zeit es für dich am besten ist, ins Bett zu gehen.

Während du in der Pubertät wächst, wird dein Melatonin bis zu zwei Stunden später ausgeschüttet. Daher bist du auch abends erst später müde. Es kann sein, dass du fast um Mitternacht noch hellwach bist. Natürlich bist du dementsprechend auch am Morgen erst später wach. Ein regelmäßiger Schlafrhythmus ist ebenso wichtig, wie genügend Schlaf. Hast du das Gefühl, du brauchst nicht so viel Schlaf wie deine Eltern glauben, dann sprich mit ihnen. Biete ihnen an, für einige Tage selber zu entscheiden. Wenn sie sehen, dass du morgens nicht müder bist als sonst, werden sie sicher nichts dagegen haben, wenn du von nun an alleine bestimmst, wann es Zeit ist ins Bett zu gehen.

Iss den Teller auf, sonst gibt es keinen Nachtisch

Dieser Spruch wird dir in deinem Leben vielleicht auch das ein oder andere Mal begegnet sein. Ein anderer Spruch wäre: „Wenn du den Teller nicht leer isst, gibt es morgen schlechtes Wetter.“ Erpressung war noch nie das richtige Mittel. Zudem bringt es dir nichts, wenn du den Teller leer isst und dir anschließend schlecht ist. Es kann immer mal passieren, dass die Augen größer waren als der Hunger oder du einfach keinen Appetit hast. Isst du aber nichts, weil du etwas nicht magst oder etwas nicht probieren willst, ist der Spruch zwar auch falsch, aber du solltest zumindest einmal probieren. Manchmal sieht es komisch aus, was sich so auf deinem Teller befindet. Dann probierst du es und schwupp, wird es zu deiner Lieblingsspeise. Essen ist ein Genussmittel und stillt Gelüste. Es sollte Freude machen und der Entspannung dienen. Es sollte etwas Positives sein. Mit dieser Methode wird durch Tricks versucht, dein eigenes Bauchgefühl zu unterdrücken. Du verlierst auch dein Sättigungsvermögen und verlernst irgendwann zu spüren, wann du Hunger hast und wann du satt bist. Deine Eltern erkennen, aus welchem Grund du gerade nicht essen möchtest. Schon früh sollte das Kind dazu aufgefordert werden, sich seine Portion selber auf den Teller zu geben. Lieber etwas zu wenig als zu viel. Es kann ja noch nachgenommen werden. Frage deine Eltern, wie sie sich fühlen würden, wenn sie Lust auf den Nachtisch haben, aber ihn nicht essen dürfen, weil sie nicht aufgegessen haben. Dieser Spruch kann zudem irgendwann zu einer Essstörung führen. Du verbindest Essen nur noch mit negativen Emotionen, wie beispielsweise Angst. Du meidest es, zusammen mit den Anderen zu essen und ziehst dich immer mehr zurück. Zeige deinen Eltern, dass du für dich selbst Verantwortung übernehmen kannst und du einfach nur keinen Hunger hast und es nicht darum geht, nichts zu essen, weil du mit deiner Figur nicht zufrieden bist. Nichts zu essen bringt dir da gar nichts. Im Gegenteil, irgendwann kommt der Heißhunger und dann isst du viel mehr als du wolltest und wahrscheinlich noch Ungesundes. Essen sollte niemals zur Belohnung oder Bestrafung herangezogen werden. Schließlich sagt deine Mutter zu deinem Vater ja auch nicht, dass er aufessen soll, wenn er keinen Hunger mehr hat.

Nervende Eltern und Geschwister

Ganz egal, ob du sechs Jahre alt bist, 14, 35 oder auch älter, denn für deine Eltern wirst du immer das Kind bleiben. Hierbei spielt es keine Rolle, ob du schon eigene Kinder hast, erfolgreich im Beruf bist oder einen eigenen Haushalt führst. Für deine Eltern bist und bleibst du ihr kleiner Sonnenschein, den sie beschützen möchten. Sie machen sich Sorgen um dich und wollen dir Tipps und Ratschläge geben, um besser durchs Leben zu kommen. Im Grunde genommen ist das doch auch etwas Schönes. Nur manches Mal kann das auch ganz schön nerven. In der Pubertät ganz besonders.

Immer wieder musst du dir anhören, dass dies nicht geht, dass das nicht geht und das du dich mal wieder nicht richtig benommen hast. Glaube mir, ich kenne das. Es war bei meinen Eltern genauso und weißt du was, ich gebe es an meine Kinder weiter. Ich glaube, dass man einfach in die gleichen Situationen kommt, die man bereits selbst einmal erlebt hat und krampfhaft überlegt, wie man jetzt damit umgeht. Eltern möchten es ihrem Kind recht machen, aber auch sich selbst. Man erinnert sich, wie es einst war, wo die eigenen Eltern mit einer bestimmten Situation umgehen mussten.

Was hilft gegen diese Nerverei?

„Immer müssen Eltern oder Geschwister nerven. Warum können sie mich nicht einfach mal in Ruhe lassen?" Stellst du dir diese Frage auch öfter? Ganz einfach, da sie älter sind, heißt das nicht, dass sie sich in allem besser auskennen. Nein, sie meinen es nur gut, weil sie vielleicht denken, dass sie mehr Lebenserfahrung haben. Im Grunde genommen stimmt das ja auch. Sie haben in ihrem Leben mehr Erfahrungen gesammelt als du. Dennoch heißt das nicht, dass das, was sie denken, auch das Richtige ist. Zudem hast du das Recht, deine eigenen Fehler zu machen. Das ist für ein eigenständiges Leben unentbehrlich, denn nur so kannst du deinen eigenen Weg gehen und stark und selbstbewusst werden, um auch mit Misserfolgen und Schicksalsschlägen klarzukommen. Nur so kannst du dich irgendwann von deinen Eltern abnabeln und für dich und dein Leben selbst die Verantwortung übernehmen. Aus Fehlern lernt man und das ist wichtig für dein ganzes Leben.

Natürlich ist es auch süß zu wissen, dass die Eltern sich immer Sorgen um einen machen. Es zeigt dir, wie sehr sie dich lieben. Dennoch können sie nicht immer an deiner Seite sein. Spätestens ab dem Zeitpunkt, indem du den Kindergarten besuchst, werden sie dich ein Stück weit von der Leine lassen müssen. Zwar sind da die Erzieher, und in der Schule später die Lehrer, doch du wirst immer Zeiten haben, in denen du alleine bist, oder mit anderen Kindern zusammen, ohne das ein Erwachsener hinter dir steht. Sie können dich nicht vor allem bewahren, so gerne sie das auch möchten. Es ist wichtig, dass sie begreifen, dass sie dich nach und nach immer mehr, Stück für Stück, loslassen müssen. Wer kennt den Spruch nicht: „Ich bin älter als du, ich weiß es besser!“? Hast du mal einen Rat oder einen Tipp für deine Eltern, kann es passieren, dass deine Eltern abweisend reagieren. In puncto Kritik kann es sein, dass es deinen Eltern ebenfalls schwerfällt, diese anzunehmen. Da sie ja älter sind und es besser wissen müssen, oder? Es kann auch ganz schön nerven, wenn Eltern einem alles abnehmen wollen. In der Pubertät ist es vielleicht noch schön, wenn sie dein Zimmer aufräumen oder dir die Wäsche waschen, aber spätestens, wenn du deine erste eigene Wohnung hast und selbstständig sein möchtest, nervt eine Glucke als Mutter.

Neben den Eltern können auch die Geschwister ganz schön nerven, seien sie nun älter oder jünger. Doch Hand aufs Herz, in deinem Inneren hast du sie sehr lieb. Gerade, wenn du die Ältere bist, können Geschwister nervig sein. Sie möchten immer mit dabei sein. Beispielsweise, wenn du mit deinen Freunden zusammen bist. Sie möchten häufig deine Kleidung tragen und machen das auch ohne, dass sie dich darum bitten. Sie eifern dir nach. Du bist ein Vorbild für sie. Im Grunde genommen ist das doch schmeichelhaft. Als große Schwester kannst du eine Vorbildfunktion einnehmen. Bei den größeren Geschwistern magst du dich manchmal benachteiligt fühlen, da sie schon älter sind und mehr dürfen. Sie dürfen länger aufbleiben, länger wegbleiben und, und, und. Aber auf der anderen Seite haben sie auch mehr Pflichten, da sie schon mehr Verantwortung von deinen Eltern übertragen bekommen. Im Haushalt beispielsweise müssen sie schon mehr mithelfen als du.

Ein paar Worte miteinander gesprochen und schon ist die Stimmung zwischen deinen Eltern und dir im Eimer. Als du noch klein warst, waren deine Eltern für dich die Größten. Jetzt sind sie einfach nur noch peinlich. Kommst du in die Pubertät, befindest du dich in einem Ausnahmezustand. Dein Geist, dein Körper und insbesondere dein Bindungsverhalten ändert sich. Das bedeutet Konflikte. Deine Liebe zu deinen Eltern kannst du nicht infrage stellen. Bedingungslos bist du mit deinen Hauptbezugspersonen verbunden. Diese Bindung beginnt sich während der Pubertät nach und nach zu lösen. Deine Eltern werden für dich zu normalen Menschen und sind nicht mehr deine Helden, wie früher. Sie beharren aber weiterhin darauf, deine Helden zu sein und auf ihre autoritäre Stellung. Dir gehen sie damit meistens nur auf die Nerven. Das Resultat davon ist, dass du rebellierst und deine Eltern stehen dem machtlos gegenüber.

Durch den Verlust dieser Bindung machst du auf einmal vieles mit dir selber aus und/oder mit deinen Freunden. Deinen Eltern wirst du nicht mehr so viel erzählen, vielleicht sogar gar nichts mehr. Für sie ist das sehr schwer und macht ihnen natürlich auch Angst. Sie hoffen, dass du nicht vom rechten Weg abkommst, und dass du dich stets für das Richtige entscheidest.

Deine Eltern erleben, was dich betrifft, wenn du in der Pubertät bist, einen regelrechten Kontroll- und Liebesverlust. Es ist schwer, aber notwendig, dass sie den Verlust nicht auf sich beziehen, sondern es als das sehen, was es ist, ein Ablösungsprozess. Umso besser das klappt, desto schneller schafft ihr es, eine neue Eltern-Kind-Beziehung herzustellen. Mit unangenehmen Tatsachen werden deine Eltern während deiner Pubertät konfrontiert. Sie begreifen, dass sie alt werden. Diese Erkenntnis macht ihnen verständlicherweise Angst. Für deine Eltern bedeutet das auch, dass sie sich von nun an mehr mit ihrem eigenen Leben auseinandersetzen müssen. Wie geht es für sie weiter? Wie geht es mit ihnen als Eltern weiter? Was ist mit ihrem Beruf? Was wollen sie noch erreichen in der neuen Lebensphase, in der du sie nicht mehr so brauchst und irgendwann das heimische Nest verlässt. Diese Neuorientierung ist schwer für deine Eltern, besonders wenn sie ihr Leben bis zu dem Zeitpunkt sehr auf dich ausgerichtet haben. Plötzlich haben sie das Gefühl, du brauchst sie nicht mehr und kommen sich vielleicht nutzlos vor.

Kommen dir deine Eltern extrem neugierig vor, kann das sein, dass es daran liegt, dass du in der Pubertät bist, dann reagierst du auf alles gereizter. Deine Privatsphäre wird plötzlich für dich wichtiger denn je. Deine Eltern haben aber einfach nur Angst um dich, gerade, wenn sie nicht wissen, was du machst. Du hingegen wirst dich immer mehr verschließen. Achten deine Eltern deiner Meinung nach deine Privatsphäre nicht, gib ihnen zu verstehen, wie schädlich ihr Verhalten sein kann. Rede mit ihnen und gib ihnen zu verstehen, dass du dich so nur noch mehr von ihnen abschottest. Versuche zudem, die Ängste deiner Eltern zu verstehen und sich in sie hineinzuversetzen. Frage dich, warum sie deine Privatsphäre nicht achten. Sprich mit ihnen darüber und zeige ihnen, dass du Verantwortung übernehmen kannst und sie dir vertrauen können. Frage deine Eltern doch einfach mal, welche Ängste sie haben. Frage sie, ob es in der Vergangenheit etwas gab, was ihnen den Anlass gab, dass sie dir nicht vertrauen. Teile ihnen mit, dass du dir mehr Vertrauen ihrerseits wünschst.

Versucht gemeinsam einen Kompromiss auszuarbeiten. Sprecht gemeinsam über die Sorgen deiner Eltern, sowie auch über deine Privatsphäre. Es lässt sich bestimmt ein Kompromiss finden, wenn beide Seiten etwas dazutun. Vereinbart zum Beispiel, dass du deinen Eltern mehr von dir erzählen wirst, wenn sie von nun an deine Privatsphäre respektieren. Hast du einen gewissen Grad an Privatsphäre, wirst du dich bei Gesprächen mit deinen Eltern wohler fühlen und von dir aus gerne mehr persönliches preisgeben. Stelle deinen Eltern die Frage, ob sie dir etwas von ihnen erzählen würden, wenn du in ihre Privatsphäre eindringst. Erzähle deinen Eltern von dir aus, was so los ist in deinem Leben. Wahrscheinlich werden auch sie dir dann mehr Privatsphäre einräumen. Beheben könnt ihr die Situation am besten in einem Gespräch. Bitte sie darum, dass sie deine Privatsphäre respektieren. Du wiederum wirst ihnen einen Einblick in dein Leben gewähren. Ein Geben und ein Nehmen. Gib deinen Eltern das Gefühl, dass sie ein Teil deines Lebens sind. Es gibt sicherlich jeden Tag das Ein oder Andere, über das ihr miteinander reden könnt. Du erzählst zum Beispiel von dem Tag in der Schule, und deine Eltern von ihrem Arbeitstag. Wichtig ist, dass ihr dabei nicht abgelenkt seid. Respekt wird alleine durch Augenkontakt ausgedrückt.

Deine Eltern werden dir Ratschläge geben, auch wenn du es nicht willst. Sicher ist es nicht einfach, deinen Frust zu unterdrücken, aber versuche nicht wütend zu werden. Setzt euch zusammen und sage ihnen, dass du dich bevormundet fühlst und deine eigenen Entscheidungen treffen möchtest. Gib ihnen zu verstehen, dass du Verständnis dafür hast, dass sie sich um dich sorgen, du dich aber von den ungewollten Ratschlägen eingeengt fühlst. Das Gespräch sollte, wenn beide Seiten Zeit haben, um miteinander zu reden, stattfinden und niemals zwischen Tür und Angel. Bitte deine Eltern darum, dir Respekt und Vertrauen entgegenzubringen. Gib ihnen zu verstehen, dass du die Bedenken, die sie haben teilst, und ihre Ziele auch deine Ziele sind. Du möchtest aber den nötigen Freiraum dafür haben, um es so zu machen, wie du es möchtest. Du solltest aber auch sagen, dass du immer zu ihnen kommen wirst, wenn du einen Ratschlag benötigst, wenn du Hilfe brauchst oder bei einer Entscheidung unsicher bist. Auf diese Art und Weise wissen sie, dass du sie noch brauchst und das sie für dich immer der Anker bleiben werden.

Überfürsorgliche Eltern sind gerade in der Pubertät ein Graus. Durch Panik und Ängste, die deine Eltern deinetwegen haben, denken sie oftmals irrational. Am besten wirkst du dem entgegen, indem du dir die Bedenken deiner Eltern anhörst und sie dahingehend beschwichtigst. Konnte Dampf abgelassen werden, lassen sich Kompromisse besser finden und beide Seiten können einander besser zuhören.

Du kannst die Ängste deiner Eltern lindern. Höre dir ihre Sorgen und Ängste an und reagiere darauf. Es ist wichtig, jede einzelne Sorge, wie beispielsweise Angst, anzuerkennen und biete ihnen dann dazu entsprechende Lösungen an. Überlege dir Alternativen und präsentiere deinen Eltern diese. Versuche deine Eltern anderweitig mit einzubinden, beispielsweise in dein Hobby. So könnt ihr Zeit miteinander verbringen. Ich habe immer versucht, oder mache es auch heute noch so, dass meine Kinder ihren Freiraum haben, aber ich habe da einen ganz besonderen Trick. Das Handy meiner Kinder hat einen hohen Stellenwert und sie hängen ständig daran. Ich schaue mir zwischendurch, wenn sie unterwegs sind, ihren Status an. Waren sie gerade online, dann muss es ihnen gutgehen. Der Vorteil ist, dass ich ihnen nicht ständig hinterher telefonieren muss und dennoch meine Infos bekomme.

Kennst du den Begriff „Helikoptereltern“? Hast du sicherlich auch schon gehört. Halte dir immer vor Augen, dass deine Eltern sich so verhalten, weil du ihnen sehr wichtig bist. Was dir aufdringlich erscheint, ist ihre Art, ihre Fürsorge, dir gegenüber zu zeigen, wie sehr sie dich lieben. Gib ihnen zu verstehen, dass du Verständnis für sie hast, dass sie so handeln, weil es um dich geht. Führe ihnen aber auch ihr schlechtes Verhalten vor Augen. Aber bitte ganz vorsichtig. Sind deine Eltern die besten und verantwortlichsten Eltern, so sind sie auch hin und wieder frustriert. Eltern können im Eifer des Gefechtes aufdringlich sein und über das Ziel hinausschießen, ohne das sie es wollen. Sie merken es selber gar nicht. Vielleicht werden sie einfach von ihren Emotionen gesteuert.

Bespreche gemeinsam mit deinen Eltern bessere Grenzen. Hast du das Gefühl, deine Eltern lassen dich keine Entscheidung alleine treffen? Handel einen Deal mit ihnen aus. Überzeuge sie, dass du in der Lage bist, eigene Entscheidungen zu treffen, und sie dir Vertrauen können. Versuche ihnen zu erklären, dass es für dein späteres Leben wichtig ist, eigenverantwortlich zu handeln, und dass du nur so lernen kannst. Hast du deine Eltern in der Vergangenheit hier und da mal enttäuscht? Das ist einfach bei Kindern so. Dann ist es jedoch wichtig, dass du dieses Vertrauen, was einst dagewesen ist, wieder aufbaust.

Was hilft überhaupt nicht, wenn jemand nervt?

Umdenken ist nun gefragt. Frage dich, ob dein Bruder oder deine Schwester dich wirklich nerven möchten. Suche den Kontakt zu ihm oder ihr, denn wahrscheinlich bewundern sie dich und möchten einfach von dir lernen. Sie eifern dir nach und möchten so sein wie du, geben es eventuell nur nicht zu. Dazu greifen sie zu vielen Mitteln und buhlen damit um deine Aufmerksamkeit. Milde walten lassen ist nun angesagt. Mache deinem Bruder oder deiner Schwester ein Angebot, wann du Zeit mit ihnen verbringen kannst und zeige ihnen immer wieder mal, dass du dich für das Leben von ihnen interessierst. Oftmals kommen sie mit weniger Aufmerksamkeit aus als du glaubst. Dennoch hast du ein Recht auf deine Privatsphäre. Sprich mit deinem Bruder oder deiner Schwester darüber, dass, wenn sie dich nerven, dir dieses Verhalten auf die Nerven geht. Sie möchten nur wie du auch, respektiert werden.

Sollte das nicht funktionieren, oder das Geschwisterchen ist noch zu klein, um Verständnis dafür zu haben, ist es an deinen Eltern, dass dich der kleine Quälgeist in Ruhe lässt. Es ist also durchaus dein Recht, dass deine Eltern zu dir kommen und sich um das Geschwisterchen kümmern. Die Reihenfolge der Geschwister ist für die ganze Familie von Bedeutung. Du wirst es mit deinen Geschwistern leichter haben, wenn alle die Position der Geschwister sowie die Position als Familienmitglied respektieren. Jeder sollte altersentsprechend erzogen werden und auch Dinge dürfen oder auch nicht. Zumindest wird sich die Situation entspannen, wenn es bestimmte Regeln gibt, an die sich auch alle halten. Es gibt jedoch auch Phasen, bei denen es einfach gilt: Augen zu und durch.

Was du mehr denn je in der Zeit brauchst ist Lob. Jeder braucht Anerkennung und Zustimmung. So sehr du deinen Eltern auch auf die Nerven gehst, sollten sie dich loben, wenn ihnen etwas gefällt, was du tust und sei es auch noch so klein. Gerade jetzt brauchst du viel Wertschätzung. Kennst du das, dass deine Eltern dich mit Fragen löchern? Alles wollen sie wissen. Wo du hingehst, mit wem du dich triffst, wer deine Freunde sind, wie es in der Schule läuft und so weiter. In der Pubertät kann das extrem nerven. Ich kenne das selber und bei meinen Kindern mache ich es nicht anders. Das Augenrollen, was sie dann an den Tag legen, kenne ich auch nur zu gut. Ich verstehe sie auch, denn sie legen eine ganz andere Denkweise an den Tag als ich. Ich glaube einfach, das große Problem, dass sich manche Jugendlichen nicht als vollwertig betrachtet fühlen ist, dass Freunde manchmal mehr

Freiraum haben. Dies kann jedoch unterschiedliche Gründe haben. Bei manchen Jugendlichen ist es so, dass sie sich bereits früh bewiesen haben und somit ihre Eltern ihnen blind vertrauen. Es gibt jedoch auch die andere Seite und die würde dir, langfristig gesehen, nicht gefallen. Hier ist es den Eltern mehr oder weniger egal, was ihre Sprösslinge treiben, denn sie sind viel mehr mit sich selbst beschäftigt. Du kannst mir aber glauben, die letztere Personengruppe wünscht sich sehnlichst, dass ihre Eltern ihnen ein bisschen mehr Aufmerksamkeit zukommen lassen. Sicherlich geben sie dies nicht unbedingt zu, denn das könnte bedeuten, dass sie Schwäche zeigen und wer möchte das schon?

Besser wäre es, wenn deine Eltern dich nicht löchern, sondern warten bis du von deiner Seite aus deine Gedanken, Gefühle, Meinungen, Ansichten und Erlebnisse mit ihnen teilst. Sie sollten es auch akzeptieren, wenn du gerade nicht über bestimmte Dinge sprechen möchtest. Vertrauen ist in jedem Alter wichtig. Sicherlich wissen deine Eltern in manchen Dingen besser Bescheid als du, doch es ist wichtig, dass sie dich deine eigenen Fehler machen lassen und dir zeigen, dass sie dir vertrauen.

Zu viel Kontrolle ist kontraproduktiv. Vorwürfe sind keinesfalls hilfreich. Weder seitens deiner Eltern, noch von deiner Seite aus. Alleine durch dein Verhalten wirst du deine Eltern als Teenager schon provozieren. Du probierst dich aus. Dass deine Eltern sich aber auch Luft machen wollen, wenn du zum Beispiel nicht zu der verabredeten Zeit zu Hause bist, ist verständlich. Mit Vorwürfen bringen sie dich in eine untergeordnete Rolle und zwingen dich geradezu, dich zu rechtfertigen. Da du ohnehin gerade in der Phase bist, in der du aus dieser untergeordneten Rolle ausbrechen willst, bist du was Vorwürfe angeht, besonders sensibel. Im Falle von „Geschrei“ oder „Geschimpfe“, schaltest du in der Pubertät erst recht auf Durchzug oder konterst lautstark. Für eine solche Verhaltensweise kannst du nicht einmal etwas. Die hat jeder Teenager mit 14 durchleben müssen, und es wird sich sicherlich auch in den nächsten Jahren nichts daran ändern. Denke daran, falls du selbst als Mama einmal in eine solche Situation gerätst. Du fühlst dich manchmal hilflos, weißt nicht, welche Reaktionsweise die richtige ist und wie du deinem Kind deine eigenen Gefühle und Ängste näherbringen sollst.

In der Zeit brauchst du, ob du es nun hören willst oder nicht, Erwachsene an deiner Seite, damit du dich mit ihnen auseinandersetzen kannst. Es ist wichtig, sich mit ihnen reiben zu können. Diese Auseinandersetzungen sind wichtig für dich, damit du deinen eigenen Standpunkt finden kannst. Nur so kannst du dich weiter ausdifferenzieren. Das bedeutet, deine Persönlichkeit entwickeln. Haben deine Eltern keine eigene Meinung und gehen Diskussionen, sowie Problemen aus dem Weg oder scheuen auf andere Weise die Kommunikation mit dir, werden sie in der Pubertät oftmals vom Teenager herausgefordert.

Keinesfalls sollten deine Eltern dein Pubertätsverhalten einfach so abtun. Nachdem Motto, dass du gerade in der Pubertät bist und sich das schon wieder gibt. Zwar stimmt die Aussage, dennoch hilft es dir gerade nicht, wenn das, was dich beschäftigt, herabgestuft wird. Unpassende Strafen bringen dich und deine Eltern auch nicht weiter. Strafen sind aus der Mode gekommen. Heutzutage wird auf Konsequenzen gesetzt, welche für die Kinder gelten, wenn sie sich daneben benommen haben. Je älter du allerdings bist, desto schwieriger wird es, dich zu bestrafen. Gerade in der Pubertät sind Strafen für dich eine Art Erpressung seitens deiner Eltern oder die Demonstration von Macht. Meist schaden diese eher als dass sie von Erfolg gekrönt sind. Unangemessene Verbote bringen ebenfalls nichts. Sicherlich brauchst du auch in der Pubertät klare Regeln, an die du dich auch zu halten hast. In der Pubertät interessierst du dich aber besonders dafür, diese Regeln infrage zu stellen oder sie zu deinen Gunsten aufzuweichen. Das tust du deshalb, weil du selbstständiger werden möchtest und nach und nach, mehr und mehr, selber über dein Leben bestimmen möchtest. Mit Verboten erreichen deine Eltern eher, dass du beginnst, ihnen Sachen zu verheimlichen oder sie anzulügen. Dem Vertrauensverhältnis zwischen euch tut das nicht gut. Neue Schwierigkeiten sind

vorprogrammiert.
Deine Eltern fühlen sich verständlicherweise von dir abgelehnt, wenn du störrisch bist, abweisend oder sie extrem provozierst. Das ist sehr schmerzhaft für sie und kann zu Rückzug und Resignation führen. Durch dieses Verhalten soll es zu keinen weiteren Kränkungen kommen. Rückzug und Resignation sind der falsche Weg.

Probleme und Sorgen mit 14

Es ist ganz natürlich, dass man im Alter von 14 Jahren so einige Probleme hat. Glaube mir, dass ist mit 20, 35 und auch mit 70 nicht anders. Nur die Probleme ändern sich. Es gibt sicherlich bei dir die Tage, an denen du glaubst, dass die Welt untergeht, dass sich alles gegen dich verschworen hat. Ich kenne diese Tage. Es ist mir so oft, natürlich unabsichtlich, passiert, dass ich in ein Fettnäpfchen getreten bin. Ich konnte gar nicht soviel Make-up auftragen, dass es keinem aufgefallen wäre, wie rot ich angelaufen bin.

Du kennst das sicherlich auch, oder? Plötzlich triffst du genau den Jungen, den du so toll findest, und was macht er? Er interessiert sich eher für deine Freundin. Fragst du dich da nicht auch manchmal, was du machen könntest, dass es anders ist? Eine meiner sicherlich größten Sorgen mit 14 war, das lange Draußen bleiben. Ich wollte so gerne auf eine Party, auch schon mal in der Woche, aber ich durfte nicht. Am

Wochenende musste ich spätestens um 22 Uhr zuhause sein. Damit das auch klappte, kam mich meine Mutter oder mein Vater abholen. Sie fuhren natürlich mit ihrem Auto direkt am Club vor, sodass sie auch jeder sehen konnte. Besonders peinlich waren dann die Momente, in denen ich nicht pünktlich am Auto war. Dann kam einer meiner Elternteile in den Club. Ich wusste in diesem Moment gar nicht, wie ich mich schnell verstecken konnte, um unentdeckt zu bleiben.

Du wirst sehen, irgendwann wird es besser. Plötzlich habe ich mich gefreut, wenn mich meine Eltern abends abholen gekommen sind, denn so konnte ich ein bisschen länger bleiben, musste nicht durch die Kälte und mich auch nicht von irgendwem auf dem Nachhauseweg ansprechen lassen. Ich habe jedoch einen Kompromiss mit meinen Eltern geschlossen, sie holen mich ab, aber warten an einer bestimmten Ecke. Keiner hat sie gesehen und ich konnte ein bisschen länger im Club bei meinen Freunden bleiben. Es hat super geklappt.

Was kann bei typischen Sorgen von Teenagern helfen?

In der Pubertät verändert sich dein Körper. Deine Eltern helfen dir am besten, wenn du sie darauf aufmerksam machst und mit ihnen darüber redest. Sie sollten dich dabei unterstützen. Zu den körperlichen Veränderungen kommen emotionale Veränderungen und Probleme. Am besten helfen deine Eltern dir, wenn sie dir beibringen, auf dich selbst aufzupassen. Sie sollten dir zu verstehen geben, dass es absolut in Ordnung ist, dass du dich so fühlst, wie du dich fühlst. Sie können dich ermutigen, Sport zu treiben, denn betätigst du dich körperlich, verändert sich dein Serotoninspiegel nicht. Am besten lassen Eltern ihre Kinder einfach reden und hören ihnen zu, ohne dabei ein Urteil zu fällen und ohne Ratschläge zu geben. Ratschläge möchtest du nicht hören, es sein denn, du fragst sie nach diesen. Lasse deine Eltern von ihren Erfahrungen mit ihrer eigenen Pubertät sprechen oder sprich mit einem älteren Geschwisterteil, wie ihre Erfahrungen waren. Sich kreativ zu betätigen kann dir ebenfalls helfen.

Gerade in der Pubertät wirst du immer wieder von Emotionen überwältigt. Das Resultat ist ein impulsives Verhalten, welches für dich und die Anderen nicht gut ist. Deine Eltern helfen dir, wenn sie sich daran erinnern, wie es ihnen in ihrer Pubertät ging, und sie sich ins Gedächtnis rufen, dass diese Phase nicht ewig dauert und absolut normal ist. Wichtig ist, dass sie dein Vertrauen gewinnen. Setzt euch zusammen und redet miteinander. Lasse sie zuhören. Dich zu kritisieren oder zu beurteilen macht keinen Sinn. Dadurch könnte sich dein Verhalten nur noch verschlechtern. Wichtig ist es, dir zu zeigen, dass dich deine Eltern so lieben, wie du bist, und das du dir treu bleiben sollst. Sie sollten dich ermutigen, eine eigene Persönlichkeit zu sein und nicht jemand anderen zu kopieren oder dich zu verbiegen, um anderen zu gefallen. Trotz der Freiheiten, die sie dir einräumen sollten, ist es wichtig, dass sie, wenn du in schlechte Gesellschaft gerätst, eingreifen.

In der Pubertät bist du besonders verletzlich. Du bist beeinflussbarer als sonst. Du lässt dich gerne von anderen Menschen beeinflussen, die, wie du glaubst, deine besten Freunde sind. Gruppenzwang kann dabei eine Rolle spielen. Deine Eltern sollten dein Verhalten beobachten. Das bedeutet nicht, dass sie dir hinterher spionieren sollen. Dir deine Fehler vorzuhalten bringt nichts. Dich zu ermutigen sollte das Ziel sein und ehrlich zu ihnen zu sein. Teilen sie dir ihre Gedanken mit, kannst du dich besser in sie hineinversetzen.

In der Pubertät ändern sich die Interessen. Es geht um Freunde, Partys, Mode, Jungs und einige Dinge mehr. Unterstützen deine Eltern dein Bestreben, was eine höhere Bildung betrifft, macht dies für dich vieles leichter. Schule ist kein Zuckerschlecken, aber du kommst auch nicht um sie herum. Somit solltest du das Beste daraus machen. Sie ist nun einmal wichtig für später. Um dir die Hausaufgaben und das Lernen leichter zu machen und mehr Zeit zu verschaffen, könnten sie dir die

Hausarbeit kürzen, wenn du beispielsweise die Konzentration für ein Schulprojekt brauchst. Eine gesunde Ernährung und Bewegung sind ebenso wichtig, wie das Lernen. Nur so hast du genügend Kraft und Ausdauer, die du für deine Leistungen brauchst. Deine Eltern können dich in der Hinsicht unterstützen. Unter elterlicher Anleitung ist es einfacher für dich, Probleme mit deiner Gesundheit zu lindern und dir zu helfen, dich gesund zu fühlen. Dazu zählt eine gesunde Ernährung, genügend Bewegung und genügend Schlaf. Es kann nicht schaden, wenn deine Eltern ein Auge darauf haben, dass du deine Mahlzeiten einhältst. Es ist wichtig, physisch und emotional für dich da zu sein. Das hilft dir, mögliche Störungen, die auftreten könnten, zu umgehen. Du denkst jetzt sicherlich, so ein Bullshit, was soll ich damit? Chips, Fastfood und Partys sind doch genau dass, was Jugendliche möchten. Jaaaaa, das ist auch so und natürlich solltest du auch diese Dinge machen.

Stimmungsschwankungen und Wutausbrüche gehören zur Pubertät, wie das Salz in der Suppe. Doch die Intensität kann größer sein als sie sollte. Es ist nicht immer einfach für deine Eltern festzustellen, ob deine Reaktionen normal sind oder zu heftig. Meistens reicht es aus, wenn du gemeinsam mit ihnen über deine Probleme redest und weiterhin gesund lebst. Magst du nicht reden, sollten deine Eltern am Ball bleiben und immer wieder das Gespräch mit dir suchen. Damit es nicht zu Konfrontationen kommt, sind Orte besser, an denen diese umgangen werden können, wie beispielsweise im Auto, bei einem Spaziergang oder in einem Cafe.

Mit der Pubertät kommen die Schmetterlinge im Bauch. Es ist ganz normal, dass du dich plötzlich in sozialen Situationen nicht wohlfühlst. Sex, Romantik, Dates sind heikle Themen, über die du eventuell nicht gerne mit deinen Eltern reden möchtest, doch bedenke, deine Eltern haben dies auch durchgemacht und es ist nichts, wofür man sich schämen muss.

Dein Körper verändert sich stark. Die Geschlechtsmerkmale entwickeln sich und das führt zu neuen Gefühlen und dazu, dass du nun mit deinem Körper experimentieren möchtest. Pubertät heißt der erste Kuss, tanzen mit einem Jungen und viele weitere Dinge, die Schmetterlinge im Bauch verursachen können. Wichtig ist, eine richtige Anleitung für dich, wenn es darum geht sexuell aktiv zu werden. Fehlt diese Anleitung, kann es sein, dass es passiert, obwohl du noch nicht dazu bereit bist. Du musst deine Erfahrungen sammeln, das ist ganz klar, aber wirklich nur dann, wenn du es möchtest und nicht jemand anderes. In der Schule wird dieses Thema viel früher angesprochen als noch vor 20 Jahren. Hast du Fragen, kannst du getrost zu deiner Mutter gehen. Gib deinen Eltern zu verstehen, dass du, was dieses Thema betrifft, alles verstanden hast und sie dir auch in der Hinsicht vertrauen können. Deine Eltern wollen dich nicht ärgern, wenn sie mit dir über ein solches Thema sprechen, sondern dir nur Hilfestellung geben. Sie machen sich Sorgen und möchten, dass du dich, bei allem, was du machst, wohlfühlst.

Die digitalen Medien sind heutzutage nicht mehr wegzudenken, bei fast niemandem. Das heißt aber nicht gleich, dass du internetsüchtig bist. Verbieten deine Eltern dir das Internet, wirst du es heimlich irgendwo nutzen. Deine Eltern sollten bedenken, dass das Internet auch nützlich ist und nicht nur Videospiele spielen bedeutet. Gemeinsame Zeit ist auch in der Pubertät wichtig und eine gute Lösung, dass du nicht zu viel Zeit im Internet verbringst. Cyberregeln und Grenzen, die für alle akzeptabel sind, machen den Umgang mit dem Internet als Familie leichter. Das Mobiltelefon ist noch so ein Thema, dass in Familien für hitzige Diskussionen sorgen kann. Regeln für die Handynutzung machen das Zusammenleben leichter. Zum Beispiel gehört das Handy nicht mit an den Tisch, wenn gegessen wird.

Das Thema Gewalt und Aggressionen ist eher bei den Jungs verbreitet, dennoch kann es auch Mädchen treffen. Oft ahmen Kinder das nach, was sie zu Hause gesehen haben. Freundlichkeit und Rücksichtnahme sind Eigenschaften, die für dich selbstverständlich sein sollten, und die

Eltern ihren Kindern mit auf den Weg geben sollten. Wird die Beziehung zwischen dir und deinen Eltern gepflegt, wird damit das Risiko gemindert, dass du eher zur Aggressivität neigst. Eltern verhelfen dir zu einem guten Leben, indem sie dir beibringen, wie wichtig Mitgefühl ist und was Lebenskompetenzen sind. Vorschläge von Wegen, wie du deine Aggressionen in den Griff bekommst, solltest du dir zumindest anhören. Deine Eltern zeigen dir damit, dass es Wege gibt, deinem Ärger Luft zu machen. Sie zeigen dir, dass es in Ordnung ist, wenn du mal böse bist, aber es andere Wege gibt, damit umzugehen, als sich beispielsweise mit anderen Menschen zu keifen. Sie zeigen dir den kleinen aber feinen Unterschied.

Es ist nicht immer einfach, wenn man in bestimmte Situationen kommt, und nicht immer kann man diese zu seiner vollsten Zufriedenheit meistern. Selbstverständlich weiß ich auch, dass mit 14 Jahren nicht immer die Eltern genau die Personen sind, mit denen du dich austauschen möchtest, denn für dich nerven diese oftmals einfach nur. Eine gute, oder sogar die beste, Freundin ist in einem solchen Fall oftmals besser geeignet. Ich möchte dir damit nur sagen, dass du dir unterschiedliche Meinungen anhören, und dann erst abwägen solltest, welcher Weg eventuell für dich der Beste ist. Auch eine solche Vorgehensweise gehört zum Erwachsenwerden dazu.

Was bringt bei Problemen gar nichts?

In der Pubertät verstehst du deine Eltern nicht mehr und genauso verstehen auch deine Eltern dich nicht mehr. Sanktionen dir gegenüber bringen nichts, um Veränderungen zu bewirken. Dadurch verschlechtert sich die Situation nur. Es kommt nur zu emotional geladenen Gesprächen und zum Streit. Dich zu bevormunden hat ebenfalls keinen Sinn. Du machst dann höchstens dicht. Alle Grenzen, was dich angeht, fallen zu lassen, seitens deiner Eltern, ist aber ebenfalls nicht von Erfolg gekrönt. Denn eigentlich sind Grenzen genau das, wonach du suchst. Du weißt es nur nicht. Gerade in der

Pubertät brauchst du strukturelle Bezugspunkte. Ihr müsst eine ganz neue Beziehung zu euch aufbauen. Das geht nur, indem dich deine Eltern begleiten und nicht bevormunden. Deine Eltern wollen dich nicht nerven, wenn sie ein Gespräch mit dir suchen. Sie möchten für dich da sein. Allerdings machen Gesprächen auch wenig Sinn, wenn du partout nicht willst. Eine gewisse Strenge ist in Ordnung. Zu viel ist aber nie gut, und in der Pubertät ganz besonders ungesund.

Wie verändert sich dein Körper mit 14?

Die Pubertät kennzeichnet, dass dein Körper sich nun verändern wird. Er verändert sich relativ schnell innerhalb einer kurzen Zeit. Es kommt zu äußerlichen Veränderungen, sowie auch zu Innerlichen. Außerdem nabelst du dich von deinen Eltern ab. Du hast andere Interessen und deine Gefühle fahren Achterbahn. Das alles passiert nicht von heute auf morgen. Einige Jahre nimmt dieser Prozess in Anspruch. Bei jedem läuft die Pubertät anders ab. Der eine bekommt sie früher, der Andere kommt später in die Pubertät. Die ersten Veränderungen beginnen im Alter zwischen neun und dreizehn Jahren. Den Startschuss, dass die Umbaumaßnahmen anfangen, geben deine Hormone. Ein schnelleres Wachstum gehört zu den ersten Anzeichen. Deine Größe und deine Körperproportionen verändern sich. Die Körperteile wachsen nicht alle gleichzeitig.

Nach und nach bekommst du einen Busen. Deine Hüften werden breiter, bezogen auf deine Taillenbreite. Deine Oberschenkel werden ausgeprägter. Zum Teil liegt dies daran, dass sich deine Muskeln und Knochen entwickeln. Die Fettverteilung hat aber ebenfalls damit zu tun. Mädchen neigen dazu, eher an den Oberschenkeln und dem Becken, Fett anzusetzen. Das klingt schlimm, ist es aber nicht. Fett ist nichts Schlimmes. Du bekommst lediglich eine rundere Form, was keinesfalls bedeutet, dass du dick bist oder wirst. Das Fett beginnt sich lediglich, ab einem gewissen Zeitpunkt, anders zu verteilen. Deine Proportionen sind anders, mehr nicht. Es kann passieren, dass du dich dadurch unwohl fühlst und darüber nachdenkst, die Pfunde wieder loszuwerden. Auf lange Sicht gesehen wirst du keine Erfolge erzielen. Es ist genau anders herum. Diäten, sowie Hungerkuren schaden dem Körper. Du hast danach mehr Kilos auf den Hüften als vorher. Möchtest du auf eine Figur achten, dann ernähre dich gesund und treibe Sport.

Die Umbaumaßnahmen haben mit der Produktion der Sexualhormone zu tun. Es kommt zur Reifung deiner Geschlechtsmerkmale. Deine Eierstöcke entwickeln sich, sowie deine Gebärmutter und deine Scheide. Ganz schön viel auf einmal, was? Aber keine Angst, du schaffst das. Die Intimbehaarung beginnt und die Behaarung an den Achseln. Beides kannst du rasieren und schon ist es weg. Nicht zu vergessen, deine Regelblutung, die einsetzen wird. Neben all den Dingen, kann es auch sein, dass sich Pickel zeigen, was du sicher ätzend findest. Deine Haut wird fettiger und so entsteht eventuell Akne. Deine Drüsen werden aktiv, du wirst stärker schwitzen und dein Schweiß anders riechen. Was das Ausbilden der Brüste betrifft, können diese unterschiedlich groß sein, was aber kein Grund zur Beunruhigung ist. Die Form der Brust kann sich ebenfalls unterscheiden. Dies hat mit deiner Genetik zu tun und ist daher bei jeder Frau anders. Zudem kann deine Brust sehr empfindlich sein.

Ein Umbau findet zudem in deinem Gehirn statt. Es sterben Zellen ab, sowie Verbindungen. Es entstehen zudem neue Zellen und Verbindungen. Verbindungen, die bereits bestehen, verstärken sich.

Deine kognitiven Fähigkeiten prägen sich allmählich aus. Dazu gehört zum Beispiel: Deine Aufmerksamkeit, dein Gedächtnis, deine Integration, deine Information und deine Selbstkontrolle. In der Pubertät verbessert sich zudem dein abstraktes Denken. Du nimmst angenehme Reize und Belastungen intensiver wahr. Eine Änderung ergibt sich auch bei deinem Schlaf-Wach-Rhythmus. Dies spielt sich ebenfalls im Gehirn ab. Du wirst später müde, bist aber auch morgens länger müde. Dein Herzmuskel wächst in der Pubertät.

Hilfe, ich bin verliebt, was soll ich machen?

Schon vor dem Teenageralter entwickeln sich Beziehungen zwischen Jungs und Mädchen. Tiefe Freundschaften entstehen bereits im Alter von etwa fünf Jahren. Gemeinsame Interessen und Sympathien sind in der Regel der Grund für die Freundschaft. Erst später macht sich

bemerkbar, dass es unterschiedliche Geschlechter gibt. In der Zeit kommt es meistens zu einer Abgrenzung der Geschlechter. Beziehungen mit anderen Mädchen, in deinem Fall, sind dann wichtig. Beginnt die Pubertät, beginnst du andere Dinge bewusst wahrzunehmen. Dazu gehören auch die Jungs. Du verliebst dich das erste Mal und merkst, was Schmetterlinge im Bauch bedeuten. Dieses Gefühl ist neu für dich und vielleicht weißt du nicht, wie du damit umgehen sollst. Du fragst dich vielleicht, ob du deinem Schwarm sagen sollst, dass du ihn magst. Doch was, wenn er deine Gefühle nicht erwidert? Keine Angst, mit diesen Fragen bist du nicht alleine und das betrifft nicht nur Teenager. Auch Erwachsene, die sich verliebt haben, stellen sich genau die gleichen Fragen. Lange wälzt du diese Überlegungen hin und her. Mädchen sind, wenn die Pubertät beginnt, den Jungs in der Entwicklung bis zu eineinhalb Jahre voraus. Daher ist ihre soziale Kompetenz meist größer als bei den Jungs. Deshalb sind es auch meistens die Mädchen, die beim verliebt sein den ersten Schritt machen und zum Beispiel dem Schwarm ein Zettelchen zustecken. Willst du mit mir gehen? „Ja, nein, vielleicht" mit entsprechenden Kreuzen versehen. Das ist auch heute noch so. Jungs sind mit der Situation schnell überfordert. Für sie ist das noch zu früh. Es kann sein, dass sie die Botschaft ignorieren, oder sich darüber lustig machen. Lasse dich davon nicht heruntermachen.

Es liegt an der sozialen Entwicklung. Im Grunde kann der Junge gar nichts dafür. Der Gruppendruck kann ein weiterer Grund sein, warum der Junge auf deine Liebesbotschaft nicht eingeht. Vielleicht ist es ihm peinlich vor seinen Freunden, dass du ihn sehr gerne magst und ihn toll findest. Er könnte Angst haben, dass seine Kumpels ihn auslachen oder ihn für ein Weichei halten. Für ihn ist es wichtig, dass die Clique damit einverstanden ist, dass du ihn magst und er dich, da eure ersten Treffen meistens stattfinden, wenn die ganze Gruppe anwesend ist. In dem Alter erzählen sich Junge und Mädchen vielleicht nicht viel, was ihnen ein Gefühl der Sicherheit gibt. Später werden die Treffen dann auch ohne den ganzen Anhang stattfinden. Ihr werdet Händchen halten, euch gegenseitig zu Hause besuchen und euch gegenseitig kleine Geschenke machen. Ihr werdet euch gegenseitig Gefallen erweisen und die ersten zaghaften Küsse werden ausgetauscht.

Hast du dich verliebt und dein Schwarm weiß noch nichts von seinem Glück, kann es sein, dass du Angst davor hast, einen Korb zu bekommen. Wichtig für dich ist, daran zu denken, dass du ein tolles Mädchen bist, und es nicht auf dich beziehst, wenn du einen Korb erhalten solltest. Jedem fällt eine Liebeserklärung schwer. Das geht den Erwachsenen ganz genauso. Gehe ganz cool und entspannt an die Annäherungsversuche heran. Lächele deinen Schwarm an und suche Augenkontakt. So zeigst du ihm, dass du an ihm interessiert bist. Versuche Kontakt zu ihm aufzunehmen und ein Gespräch zu beginnen. So kannst du das Eis brechen. Du musst ihm ja nicht direkt auf die Nase binden, dass du ihn magst. Frage ihn etwas oder sage ihm, dass dir sein Outfit gefällt. Läuft es gut, hast du eine Basis gefunden und ihr könnt euch austauschen und schauen, ob ihr gemeinsame Interessen habt. Auch, wenn du eine Abfuhr erhalten solltest, kannst du sehr stolz auf dich sein. Du hast dich getraut ihn anzusprechen. Das ist nicht einfach und du warst stark genug es zu wagen. Im Gespräch könnt ihr herausfinden, ob ihr wirklich zusammen passen könntet und langsam ein Gefühl für den Anderen bekommen. Du wirst sicherer und dir fällt es dann leichter, ihm zu sagen, dass du ihn sehr gerne magst.

Kennt ihr euch schon länger, seid vielleicht befreundet, ist das zwar ein Vorteil, doch kann es die Freundschaft auch belasten, wenn das

Verliebtsein nur von einer Seite ausgeht. Es wird die Freundschaft nachhaltig verändern und zu einer Gefahr für sie werden. Es kann passieren, dass die Freundschaft daran zerbricht. Wichtig ist der passende Moment, es dem anderen zu sagen. Sprich auch deine Zweifel an und das du Angst um die Freundschaft hast. Nimm deinen Mut zusammen. Je offener du deinem Schwarm deine Gefühle beichtest, desto leichter ist es für ihn, auf diese zu reagieren. Vertraue darauf, was eure Freundschaft bisher ausgemacht hat. Gib deinem Schwarm die Zeit, die er braucht, mit der neuen Situation umzugehen und eine Entscheidung fällen zu können. Keinesfalls darfst du ihn unter Druck setzen.

Ohje, jetzt werde ich zur Frau

Irgendwann ist es soweit: Vom Baby wirst du zum Kleinkind, vom Kleinkind zum Kind und danach zum Teenager oder Jugendlichen. Irgendwann ist es dann wiederum soweit, dass du zur Frau wirst. Du entwickelst dich weiter. Nicht nur, dass du eine andere Denkweise hast, sondern auch deine Geschlechtsteile reifen. Du hast wirklich Brüste und benötigst einen Büstenhalter. Aber auch die Periode, die umgangssprachlich auch gerne als „die Tage" bezeichnet werden, kommen bei dir an. Du reifst immer mehr zu einer jungen Dame heran, was natürlich auch der ein oder andere Junge bemerken wird. Du darfst dich auf eine spannende und abwechslungsreiche Zeit freuen.

Die Periode, wie sollte ich mich verhalten?

Die erste Periode ist in deinem Leben ein einschneidendes Erlebnis. Du brauchst aber keine Angst davor zu haben. Es ist etwas ganz Natürliches, dass zum Leben einer Frau dazugehört. Mit der Periode wird dir angezeigt, dass du nun fruchtbar bist und theoretisch gesehen, von nun an, kein Kind mehr bist. Sie ist der letzte Abschnitt, nachdem deine Schamhaare gewachsen sind und sich deine Brust entwickelt hat. Meist erfolgt heutzutage die erste Blutung im Alter zwischen dem 10. und 16. Lebensjahr. Im Durchschnitt, im Alter von 12,5 Jahren. Es kann aber auch sein, dass es bei dir etwas länger dauert. Das muss dich keineswegs stressen. In den meisten Fällen liegt dem kein ernsthafter Grund vor. Es ist aber besser, wenn du mit 16 deine Periode noch nicht bekommen hast, zu deinem Hausarzt oder Frauenarzt zu gehen, und dies abklären zu lassen.

Höre auf deinen Körper

Es gibt typische Signale, die dir anzeigen, dass demnächst deine Periode einsetzt. Eines der ersten Zeichen ist ein Weißfluss. Er kann eine milchige Konsistenz haben, weiß sein, aber auch gelb oder glasig.

Riecht, juckt oder brennt er nicht, ist alles ok. Er ist nur das Zeichen, dass dein Körper jetzt mit der Produktion der Geschlechtshormone beginnt. Wie viel Zeit von dem Weißfluss bis zu dem Tag, wo deine Periode einsetzt, vergehen wird, ist nicht immer gleich. Es kann sein, dass die Periode erst einige Monate später beginnt oder auch erst in zwei oder drei Jahren. Manche bemerken einige Tage vor dem Einsetzen der Periode ein Spannen und Ziehen in der Brust. Krämpfe im Unterleib oder Kopfschmerzen können ebenfalls auftreten. Es kann sein, dass du in deinem Slip einen roten oder bräunlichen Fleck bemerkst. Dieses Signal ist sehr deutlich und zeigt an, dass du nicht mehr lange auf die Periode warten brauchst. Meistens ist es in den nächsten Tagen so weit. Du solltest zudem auch wissen, dass du ab diesem Zeitpunkt selber Babys bekommen kannst. Hier ist es wichtig, dass du spätestens jetzt an Verhütung denkst.

Eine gute Vorbereitung

Bist du gut auf deine erste Periode vorbereitet, ist das schon die halbe Miete. Es wäre ja blöd, wenn sie dich ganz urplötzlich in der Schule oder unterwegs überrascht. Daher solltest du zu gegebener Zeit, wenn du unterwegs bist, immer Binden oder Tampons mitnehmen. Solltest du keine dabei haben, gibt es, sollte es dir in der Schule passieren, sicherlich eine Freundin, die dir mit einer Binde oder einem Tampon aushelfen kann. Oftmals gibt es auch in den Erste-Hilfe-Kästen im Schulsekretariat Binden und Tampons. Also, keine Panik. Es handelt sich nicht um eine Verletzung, wenn du blutest. Es ist ein ganz normaler Reinigungsvorgang deines Körpers. Blut und Scheidensekret, sowie kleine Gewebeteilchen werden ausgeschieden. Die Farbe des Blutes kann mal hell, mal dunkel, und auch mal eher bräunlich sein. Das ist alles absolut normal. Wie stark die Blutung ist, kann sich ebenfalls unterscheiden. Es gibt Teenager bzw. Frauen, bei denen die Periode gerade in den ersten Tagen ausgesprochen intensiv ist, und dann nimmt sie nach und nach ab. Einige der Frauen leiden zudem unter sehr starken Schmerzen, in den ersten Tagen, andere wiederum bemerken diese kaum.

Es ist vorbei

Super, du hast es für das erste Mal überstanden, und kannst stolz auf dich sein. Von nun an ist eine Slipeinlage, eine Binde oder ein Tampon, ein Must-Have in deiner Tasche. Die ersten Zyklen können oft zunächst unregelmäßig sein. Daher ist es nicht einfach, sie genau vorauszuplanen. Meistens ziehen ein paar Monate ins Land, bis sich deine Periode eingependelt hat und du quasi die Uhr nach ihr stellen kannst. An ihre Perioden gewöhnen sich die meisten Mädchen recht schnell.

Was sich mit 14 alles verändert

Wusstest du, dass die Zahl 14 etwas ganz Magisches hat? Sie ist mindestens so wichtig, wie die Zahl 18, denn ab jetzt ändert sich so einiges bei dir. Du bist kein Baby mehr, du bist kein Kleinkind mehr und auch nicht direkt ein Kind. Jetzt bist du ein Teenager. Man, hört sich das nicht toll an? Sicherlich bist du jetzt richtig stolz. Ich denke, deinen 14. Geburtstag wirst du mit vielen Freunden feiern und es dir einfach gut gehen lassen. Du musst jedoch auch wissen, dass du mit 14 Jahren einige Pflichten hast, und dass es einige Dinge gibt, die du jetzt nicht mehr darfst oder machen solltest, denn das kann richtig Ärger geben. Jetzt bekomme aber nicht direkt Angst, denn du gehörst bestimmt nicht zu den Mädchen, die es darauf anlegen, etwas falsch zu machen und sich Ärger einzuhandeln.

Welche Rechte hast du?

Erreichst du das 14. Lebensjahr, ist das ein wichtiger Abschnitt in deinem Leben. Du giltst dann nicht mehr als Kind, sondern bist ein Jugendlicher. Dies bedeutet, du hast auch mehr Befugnisse. Du darfst dich dann beispielsweise bis 22 Uhr am Abend in der Öffentlichkeit aufhalten und eventuell mit Freunden ins Kino gehen. Du hast dich schon immer für das interessiert, was in deinem Wohnort so vorgeht? Dann hast du nun die Möglichkeit, dich für das Amt des Gemeinderates aufstellen zu lassen. Hört sich lustig an? Ist aber so. Du kannst auf gewisse Entscheidungen Einfluss nehmen und das hört sich doch fantastisch an. Du bist nun auch in dem Alter, indem du strafrechtlich belangt werden kannst. Dies ist zwar kein wirkliches Recht, dennoch ist es eine Veränderung. Begehst du eine Straftat, so sind nicht mehr deine Eltern dafür verantwortlich, sondern du musst für solche Dinge selber gerade stehen. Magst du dir selber etwas Geld dazu verdienen, darfst du nun maximal 2 Stunden am Tag arbeiten. Arbeitest du in dem Betrieb deiner Eltern, sind es 3 Stunden am Tag. Bist du nicht einverstanden mit dem Namen, den deine Eltern dir gegeben haben, dürftest du diesen nun ändern lassen. Hierzu ist jedoch eine Menge Behördenkram notwendig und du musst einige Voraussetzungen erfüllen. Interessierst du dich für Theater- oder Musikaufführungen und magst gerne daran teilnehmen, dann darfst du das 3 bis 4 Stunden täglich. Jedoch musst du dafür eine Genehmigung beantragen. Arbeiten darfst du nur, wenn deine Eltern auch damit einverstanden sind. Zu den Arbeiten gehören leichte Tätigkeiten, von denen keine Gefahr ausgeht. Zahlreiche Jugendliche in deinem Alter beginnen mit Zeitungen austragen. Das ist in der Regel einmal in der Woche und du kannst dein Taschengeld aufstocken. Im Alter von 14 darfst du zwar noch nicht den Autoführerschein machen, das geht erst ab 16, du darfst aber mit dem Mofaführerschein in der Fahrschule beginnen. Mit dem Roller darfst du in den meisten Bundesländern erst ab 16 Jahren fahren. Es gibt aber Orte, wo du bereits mit 14,5 Jahren mit dem AM Führerschein, für den

Roller, beziehungsweise für das Moped anfangen kannst. Mit 15 Jahren kannst du dann losbrausen.

Theoretisch gesehen, darfst du dir im Alter von 14 Jahren alles kaufen. Doch du brauchst die Einwilligung deiner Eltern für den Kauf bestimmter Dinge. Für Haustiere gilt dies auch. Alles, was du dir kaufst, muss für dein Alter auch freigegeben sein. Das heißt: DVD´s ab FSK 16, sowie Alkohol oder Tabak sind tabu. Du bist beschränkt geschäftsfähig. Das bedeutet, dass deine Eltern den Kauf, den du getätigt hast, rückgängig machen können. Voll geschäftsfähig bist du erst mit 18. Der „Taschengeldparagraph“ erlaubt dir von deinem Taschengeld zu kaufen, was du möchtest, aber denke daran, deine Eltern können es rückgängig machen. Verbieten dir deine Eltern ausdrücklich eine Sache zu kaufen, kannst du dich auf den „Taschengeldparagraphen“ nicht berufen.

Bist du ohne deine Eltern unterwegs, darfst du keinen Alkohol trinken. Ist jedoch ein Erziehungsberechtigter an deiner Seite, darfst du dir Wein, Bier oder andere ähnliche Getränke bestellen und dies auch trinken. Hochprozentiger Alkohol, wie beispielsweise Schnaps, darfst du auch, wenn deine Eltern bei dir sind, nicht trinken. Wie viel Alkohol du in Begleitung deiner Eltern trinken darfst, ist nicht festgelegt. Da deine Eltern dabei sind, werden sie aber sicher ein Auge auf dich haben und darauf achten, dass es eine geringe Menge Alkohol ist. Bist du 14 Jahre alt, darfst du nur noch adoptiert werden, wenn du damit einverstanden bist. Leben deine Eltern getrennt, darfst du selber darüber entscheiden, bei welchem Elternteil du wohnen möchtest. Einer Organspende darfst du widersprechen, wenn du das nicht möchtest. Mit 14 darfst du auch, wenn du einige Sachen beachtest, Geschlechtsverkehr haben. Ist einer von euch zwischen 14 und 16 Jahre alt und der andere über 21, kann sich derjenige, der 21 ist, strafbar machen, sofern er die Unerfahrenheit des Jüngeren ausnutzt. Generell verboten ist Sex mit Schutzbefohlenen, das heißt mit Kindern, Schülern oder Angestellten, die unter 18 Jahre alt sind. Die Lehrer, Chefs oder Eltern machen sich strafbar, wenn sie dies dennoch dulden.

Vielleicht hast du Lust auch mal ohne deine Eltern Urlaub zu machen. Dabei gibt es jedoch das Ein oder Andere zu beachten. Es ist abhängig von der Airline, ob du mit 14 Jahren ohne Begleitung fliegen darfst. Viele der Airlines schreiben einen Begleitservice für Minderjährige vor. Fährst du mit der Deutschen Bahn, darfst du mit ihr im Alter von 6 Jahren schon alleine reisen. Der Flixbus gestattet es erst ab 15 Jahren.

Übernachten kannst du in einer Jugendherberge, in Hotels und auf Campingplätzen. Die meisten erlauben es im Alter von 14 Jahren, ohne eine Begleitperson den Urlaub zu verbringen. Was das Ausland betrifft, da gibt es unterschiedliche Regelungen, über die du dich informieren musst. Bist du unter 18 Jahren, solltest du am besten immer eine Einverständniserklärung deiner Eltern dabei haben, sowie eine Kopie von ihren Ausweisen. Dies gilt besonders für Reisen ins Ausland.

Welche Pflichten hast du?

Neben den Rechten hast du ab dem Alter von 14 Jahren auch mehr Pflichten. Die Medaille hat nun mal zwei Seiten. Ab dem Alter von 14 Jahren bist du haftpflichtig in bestimmten Fällen. Du musst dann, wenn deine Eltern nicht sagen, sie übernehmen es, für den Schaden finanziell aufkommen. Dies gilt für alle Schäden, bei denen du die Folgen deines Handelns selber einschätzen konntest. Was den Haushalt betrifft, hast du wahrscheinlich schon länger ein paar Pflichten übernommen. Das kann ab einem gewissen Alter ausgeweitet werden. So ist beispielsweise gesetzlich geregelt, dass du bis zu sieben Stunden in der Woche im Haushalt mithelfen kannst. Wie viel du mithilfst, hängt natürlich von deinen Eltern ab. Mehr als sieben Stunden in der Woche sollten es aber nicht sein, darauf sollten deine Eltern achten. Besteht ein familiärer Notfall, ist das etwas anderes. In dieser Ausnahmesituation kann die Stundenzahl auch erhöht werden. Die Pflichten sind nicht dazu da, dich zu ärgern, sondern sollen dir helfen, dich auf ein selbstständiges Leben vorzubereiten. Es gibt zur Pflicht im Haushalt sogar einen Paragraphen, indem es heißt: „Das Kind ist, solange es dem elterlichen Hausstand angehört, und von den Eltern erzogen wird oder unterhalten wird, verpflichtet, in einer seiner Kräfte und seiner Lebenseinstellung entsprechenden Weise, den Eltern in ihrem Hauswesen und Geschäft Dienste zu leisten."

Kann ich selbst wählen, zu welcher Religion ich gehören möchte?

Jeder Mensch hat das Recht zu glauben, was er möchte. Das gilt auch für die Religion. Bei deiner Geburt übernehmen zunächst deine Eltern die Aufgabe. Manche entscheiden, welche Religion das Kind nach der Geburt haben soll, andere möchten dem Kind die Wahl überlassen, wenn es alt genug ist und teilen dem Kind keine Konfession zu. Mit 14 Jahren darfst du dann selber entscheiden, welcher Religion oder ob du überhaupt einer Religion angehören möchtest. Die Religionsfreiheit ist aber nicht das einzige, was zur Religion gehört. Dazu zählt auch, dass du deine Religionsfreiheit frei ausüben darfst. Der Staat hat die Verpflichtung, Menschen ihren Glauben auch leben zu lassen. Im Grundgesetz ist das unter dem Artikel 4, Absatz 2 hinterlegt mit den Worten: „Die ungestörte Religionsausübung wird gewährleistet“ angegeben.

Benötige ich eine Einverständniserklärung, wenn ich mich piercen lassen möchte?

Eine gesetzliche Regelung gibt es nicht. Die Deutsche Gesellschaft für Piercing, spricht sich dagegen aus, sich unter 14 Jahren piercen zu lassen. Du brauchst eine Einverständniserklärung von deinen Eltern und sie sollten beim Piercen am besten dabei sein. Beim Vorgespräch müssen sie auf jeden Fall anwesend sein. Rechtlich gesehen gilt Piercen und Tätowieren als Körperverletzung. Ab 16 Jahren brauchst du nur noch eine Einverständniserklärung deiner Eltern. Beide Elternteile müssen allerdings auch beim Vorgespräch mit dabei sein.

Darf ich mich einfach tätowieren lassen?

Wie auch beim Piercen, gibt es beim Tätowieren rein rechtlich keine Altersgrenze. Dies hat damit zu tun, dass auch nicht genau gesagt werden kann, in welchem Alter ein Jugendlicher in der Lage ist, die Folgen im Falle einer „mutwilligen Körperverletzung“ abzusehen. Zum Beispiel, ob dir klar ist, dass, wenn du geweitete Ohrlöcher haben möchtest, diese nicht mehr zuwachsen werden. Bei Tattoos ist es ähnlich. Gefällt dir dein Tattoo irgendwann nicht mehr, ist es sehr teuer und aufwendig es wieder entfernen zu lassen. Ob jemand dies abschätzen kann, hängt von seinem Alter und seiner Reife ab. Die Berufsverbände haben aufgrund dessen, dass es kein Gesetz gibt, unterschiedliche Regelungen. Gegen Piercings im Alter von unter 14 Jahren spricht sich die deutsche Gesellschaft für Piercing aus. Diese lehnen das Tätowieren in einem Alter von unter 14 Jahren grundsätzlich ab. Hast du das 14. Lebensjahr erreicht, brauchst du in jedem Fall die Einverständniserklärung beider Elternteilen. Beim Vorgespräch müssen sie ebenfalls anwesend sein. In dem Vorgespräch werden die Risiken beim Tätowieren besprochen, sowie die Pflege und die Nachsorge des Tattoos.

Kann ich ein eigenes Konto eröffnen?

Ab dem 14. Lebensjahr darfst du ein eigenes Konto eröffnen. Es gibt auch Banken, die dies bereits jüngeren Personen erlauben. Die Eltern müssen dann aber, als gesetzliche Vertreter, dazu ihre Zustimmung geben. Das heißt, dass deine Eltern auch deine Kontobewegungen verfolgen können. Ohne das Einverständnis eines Vormundes kannst du dann ab 14 Jahren dein eigenes Konto eröffnen. Du giltst dann vor dem Gesetz als ein mündiger Minderjähriger. Hast du schon vorher ein Konto gehabt, wird deinen Eltern dann ihr Zugriff auf dieses Konto entzogen. Teilweise können deine Eltern mit entscheiden, ob du eine Bankautomatenkarte haben kannst. Die Jugendkonten der Raiffeisen Bank zum Beispiel, geben dir auf jeden Fall eine Bankomatkarte, so schimpft sich diese. Mit dieser kannst du an den Terminals, wie dem des Einzelhandels, Geld abheben und auch Dinge bezahlen. Der Betrag wird allerdings gemeinsam mit dir und der Bank festgelegt. Konten für Jugendliche sind Konten, die auf einer reinen Guthabenbasis bestehen. Du kannst also nur über die Höhe an Geld verfügen, die auch auf dem Konto ist. So läufst du nicht Gefahr, Schulden zu machen. Du bist mit 14 noch nicht geschäftstüchtig, daher brauchst du für das Konto die Einverständniserklärung von beiden Erziehungsberechtigten. Vor Ort müssen sich deine Eltern dann ausweisen. Es ist dabei egal, ob es sich bei dem Konto um ein Girokonto oder ein reines Sparkonto handelt. Es gibt jedoch Bankfilialen, die dir erlauben ein Jugendkonto zu eröffnen, wenn einer deiner Erziehungsberechtigten unterschreibt. Die Kontrollvollmacht haben deine Eltern bis du volljährig bist. Das Girokonto für Kinder und Jugendliche ist immer kostenlos. Monatliche Gebühren fallen keine an. Für Extraleistungen gilt die Kostenfreiheit jedoch nicht, wie zum Beispiel für das Zuschicken der Kontoauszüge. Mit dem Jugendkonto kannst du Geld auf das Konto einzahlen und an Bankautomaten Geld abheben.

Wie lange darf ich ohne Begleitung in die Disko?

Du bist jetzt 14 und kapselst dich nach und nach von deinen Eltern ab. Vielleicht möchtest du auch abends länger wegbleiben und ausgehen. Bis zu deinem 16. Lebensjahr darfst du nur in die Disco, wenn ein Erziehungsberechtigter oder ein Sorgeberechtigter mit in die Disco geht. Zu den personenberechtigten Personen gehören deine Eltern und alle die, die das Sorgerecht für dich haben. Das sind in der Regel deine Eltern. Zu den erziehungsbeauftragten Personen gehören Personen ab 18 Jahren, mit denen deine Eltern eine Vereinbarung getroffen haben, dass sie die Aufsichtspflicht für einen bestimmten Zeitraum für dich übernehmen.

Veranstaltungen von einem „anerkannten Träger der Jugendhilfe“ bilden eine Ausnahme. Dazu gehören zum Beispiel: Die

Jugendtreffs der Gemeinden, von Vereinen oder von der Kirche. Unter 14 darfst du bis 22 Uhr an der Veranstaltung teilnehmen. Im Alter von 15 bis 17 musst du um 24 Uhr gehen. Ausgenommen von diesen Regeln sind Konzerte. Konzerte gelten als Tanzveranstaltungen. Zeitliche Beschränkungen gelten nicht. Die Altersbeschränkungen werden manchmal von den Veranstaltern angeordnet. Jugendliche unter 16 Jahren dürfen oftmals nur daran teilnehmen, wenn sie von einem Elternteil begleitet werden. Zudem brauchst du die Erlaubnis von deinen Eltern.

Was bedeutet strafrechtliche Verantwortung mit 14?

Du bist schuldunfähig so lange du unter 14 Jahren bist. Bist du zwischen 14 und 18 Jahren alt, gilt für dich das Jugendgerichtsgesetz. Du bist in dem Alter bedingt strafmündig. Voll strafmündig bist du ab 18 Jahren. Strafmündigkeit bedeutet, dass du als Person, wenn du eine Straftat begangen hast, für diese auch verantwortlich bist. In Deutschland gilt dies ab dem 14. Lebensjahr. Mit 14 bist du nach Ansicht des Gesetzgebers in der Lage, dass du einsiehst, dass du eine strafbare Handlung begangen hast. Unter bestimmten Voraussetzungen kannst du dann für deine Strafen verantwortlich gemacht werden. Du wirst nach dem Jugendstrafrecht bestraft. Bist du unter 14 Jahren musst du dennoch vor Gericht, musst aber für deine Straftat noch nicht die Verantwortung übernehmen. Zu den Strafen nach dem Jugendstrafrecht gehören die sogenannten Erziehungsmaßregeln oder auch Zuchtmittel. Dazu gehören Arbeitsauflagen und Geldauflagen oder auch Arrest und Jugendstrafen. Entschieden für eine Jugendstrafe wird sich meist dann, wenn beispielsweise bei einem Täter, der schon mehrfach straffällig wurde, zu erkennen ist, dass es sich um eine schädliche Neigung handelt. Dasselbe gilt, wenn die Schwere der Schuld eine Jugendstrafe erforderlich macht.

Bin ich noch ein Kind oder jetzt ein Jugendlicher?

Bis du das 18. Lebensjahr erreicht hast, bist du noch minderjährig. Die Jugend ist die Lebensphase, in der du dich zwischen der Kindheit und dem Erwachsensein bewegst. Laut deutschem Recht giltst du ab dem 14. Lebensjahr als Jugendlicher bis zu deinem 18. Geburtstag. Man könnte meinen, dass du dich irgendwo in der Mitte bewegst. Du bist kein Kind mehr, aber ein Erwachsener auch noch nicht. Du hast jetzt die Zeit, dich zu entscheiden, ob du noch eine Weile eher kindlich sein, oder diese Phase hinter dir lassen, und langsam erwachsen werden möchtest. Ich bin immer der Meinung, dass eine Mischung aus beidem ganz gut ist. Man muss sich auch mal als Erwachsener wie ein Kind benehmen dürfen. Wo bleibt denn sonst der Spaß? Natürlich solltest du immer wissen, wann es angebracht ist, dass man sich eher erwachsen verhält. Ich bin mir sicher, dass du den Unterschied sehr schnell herausfinden wirst.

Was darf ich auf einer Party trinken?

Hochprozentiger Alkohol ist für dich bis du 18 bist absolut tabu. Erwischt man dich damit, kann es auch schon einmal sehr unangenehm für dich werden. Alkopops, sowie andere Mischgetränke, in denen hochprozentiger Alkohol enthalten ist, darfst du ebenfalls nicht trinken. Was du zu Hause unter Aufsicht deiner Eltern machst, ist die Sache deiner Eltern. Die elterliche Sorge steht hier im Vordergrund. Erlauben dir deine Eltern in ihrer Anwesenheit ein Glas Wein oder ein Bier, kann dir das nicht verboten werden. Das heißt, sind deine Eltern anwesend, dann darfst du auch mit 14 ein Glas Wein oder ein Bier trinken.

Tipps und Tricks für 14 Jährige, die dir das Leben einfacher machen

Mit potenziellen Gefahren umgehen

Du kommst in ein Alter, wo Themen wie Drogen und Alkohol auf dich zukommen. Für dich ist es wichtig, mit deinen Eltern darüber zu sprechen und dass sie dir zeigen, dass sie dir in der Hinsicht vertrauen können. Gefahren gehören zum Leben dazu. Mit einem gesunden Selbstbewusstsein und Selbstvertrauen kannst du diese Gefahren meistern. Solltest du ein geringes Selbstbewusstsein haben, versuche daran zu arbeiten. Lasse dich nicht von anderen zu irgendetwas überreden oder gib dem Gruppenzwang nach. Es ist verständlich, dass du dazugehören möchtest, aber halte dir vor Augen, was du da für einen Preis bezahlen musst. Der Preis heißt, Abhängigkeit und Probleme mit der Gesundheit. Du gibst dann viel Geld für diese Dinge aus, weil du es einfach nicht anders kannst und dir entgehen viele andere schöne Dinge, die du nicht mehr machen kannst. Hast du Pech, dann bezahlst du die Abhängigkeit mit deinem Leben. Stehe zu dir selbst. Du brauchst die anderen nicht und schon gar nicht Menschen, die dich zu negativen Dingen verleiten und in Schwierigkeiten bringen wollen. Freunde sind sicher wichtig und gerade in der Pubertät, doch du kannst dir neue Freunde suchen. Du bist nicht uncool, wenn du gewisse Dinge nicht mitmachst. Ganz im Gegenteil. Du zeigst Stärke und kannst stolz auf dich sein. Du bist eine Persönlichkeit. Ein ganz besonderer Mensch, wie es keinen Zweiten gibt. Jeder Mensch ist anders. Es ist nicht wichtig, dass dich andere mögen, sondern dass du dich magst. Hast du genug Vertrauen in dich selbst, macht es dir nichts aus, wenn andere dich ausschließen.

Wie gehe ich mit Stimmungsschwankungen um?

Stimmungsschwankungen gehören zur Pubertät dazu. Von jetzt auf gleich bist du von himmelhochjauchzend, plötzlich zu Tode betrübt. Deine Hormone sind daran Schuld. Die spielen während der Pubertät komplett verrückt. Es kann sein, dass du mal wieder das Gefühl hast, bei den ganzen Emotionen überhaupt nicht mehr hinterher zukommen. Die Emotionen, mit denen du jeden Tag immer wieder aufs neue kämpfen musst. Kommt plötzlich wieder so ein Hormonschub über dich, versuche doch einmal ganz selbstbewusst mit jemandem über deine emotionalen Bedürfnisse zu reden. Lege dir ein Tagebuch an, indem du deine Gefühle und Gedanken niederschreibst. Das hilft dir dabei, die Gedanken und Gefühle besser zu verarbeiten und Lösungen zu finden.

Der Umgang mit Gleichaltrigen

Typisch in der Pubertät ist auch, dass sich dein Verhältnis zu anderen ändert. In dieser Zeit fangen viele Mädchen an, tiefere Freundschaften einzugehen. Du weißt bestimmt noch, wie du früher mit deinen Freunden im Sandkasten gespielt hast, doch jetzt stellst du fest, dass die Freunde zu den Menschen gehören, denen du dein Herz ausschütten kannst. Es kann passieren, dass du für eine ganz bestimmte Person mehr Gefühle als Freundschaft entwickelst. In jedem Fall solltest du versuchen, den anderen eine gute Freundin zu sein, indem du ihnen zeigst, dass sie dir vertrauen können und du zuverlässig bist. Das wiederum stärkt dein Selbstvertrauen, sowie dein Selbstbewusstsein.

Die Welt mit anderen Augen sehen

Du wirst die Welt, je älter du wirst, mit anderen Augen sehen. Mehr und mehr fängst du an, dich für das, was um dich herum vorgeht, zu interessieren. Du verstehst vieles auf einmal besser. Du wirst sicherlich auch in Situationen kommen, die dich überfordern werden und mit denen du gar nicht klar kommst. Man muss auch nicht immer alles und jeden verstehen können. Es ist jedoch wichtig, dass du stets deine Augen aufhältst und anderen zuhörst.

Wie gehe ich mit Überempfindlichkeit um?

Es ist ganz normal, dass du in der Pubertät deine Gefühle intensiver spürst. Dinge aus deinem Umfeld fallen dir plötzlich auf, die du zuvor nicht bemerkt hast. Die Hormone und den steigenden sozialen Druck spürst du wesentlich intensiver. Ganz plötzlich bist du gereizt oder traurig und weißt selber nicht wirklich, was mit dir los ist. Passiert dir das, dann atme erst einmal tief durch. Wichtig ist, dass du dir Zeit nimmst, um dich zu beruhigen. Gib den anderen zu verstehen, ganz ruhig und nett, ohne dass du sie anschreist oder wütend wirst, was dein Wunsch ist. Für alle Beteiligten ist eine konstruktive Kommunikation hilfreich, damit sie ihre Emotionen beherrschen können. Fällt dir dies schwer, kann dir eventuell jemand helfen, der einen professionellen Hintergrund hat, wie ein Vertrauenslehrer oder ein Psychologe. Keine Angst, das heißt nicht, dass du verrückt bist. Du kannst natürlich auch mit deinen Eltern sprechen oder einem anderen Erwachsenen, dem du vertraust.

Wie gehe ich mit Unsicherheit um?

Es ist ganz normal, dass du dich, was deinen Körper betrifft, gerade in der Pubertät, unsicher fühlst. Lasse dich aber von deinen Zweifeln nicht unterkriegen, die du gegenüber deinem Aussehen hast. Du bist schön, genauso wie du bist. Schaue dich jeden Tag im Spiegel an und finde eine Sache an dir, die dir gefällt. Es spricht nichts dagegen, dir hin und wieder mal selber ein Kompliment zu machen. Ach übrigens, an jedem ist etwas dran, was nicht so attraktiv ist. Das ist ganz normal. Es liegt jedoch immer im Auge des Betrachters. Dinge an dir, die dir nicht so gut gefallen, können für andere Personen wunderschön sein.

Wie werde ich selbstbewusster?

Das Beste, was du tun kannst ist, dir ein gesundes Selbstbewusstsein aufzubauen. Ist da bei dir noch Potenzial nach oben, nimm dir vor, dein Selbstbewusstsein aufzubauen. Ein gesundes Selbstbewusstsein hilft dir während deiner Pubertät besser, mit den emotionalen Veränderungen zurechtzukommen. Du brauchst aber Geduld, denn das geht nicht von heute auf morgen. Nimm dir dafür ausreichend Zeit und übe immer wieder und bleibe auf jeden Fall am Ball. Du wirst sehen, es lohnt sich. Achte darauf, positive Gedanken zu haben. Probiere mal etwas Neues aus. Damit kannst du deine Fähigkeiten verbessern. Du findest eventuell für bestimmte Probleme ganz neue Ansätze, um diese zu lösen. Dein Selbstbewusstsein kannst du hervorragend mit Sport stärken. Gleichzeitig baust du mit Sport auch Stress ab. Da kannst du direkt zwei Fliegen mit einer Klappe schlagen.

Mit den Eltern sprechen

Setze dich in Ruhe mit deinen Eltern zusammen und sage ihnen, was in dir vorgeht. Frage sie doch einfach mal, wie es bei ihnen war, als sie in der Pubertät waren. Bitte sie um Tipps, wie du mit Dingen umgehen kannst. Von dem Wissen deiner Eltern kannst du nur profitieren und deine Eltern erinnern sich auch wieder mal an ihre eigene Pubertät, woran sie vielleicht schon lange nicht mehr gedacht haben. So rufen sie sich ihre Zeit als Jugendlicher wieder ins Gedächtnis und verstehen dich besser. Du wirst vielleicht überrascht sein, was du so alles von ihnen erfährst, wie sie als Jugendliche waren und was sie so getrieben haben.

Wie kannst du mit körperlichen Veränderungen umgehen?

Du kennst sicherlich auch den Spruch: „Wissen ist Macht“. Informiere dich schon vor deiner Pubertät und auch währenddessen darüber, was in der Pubertät so alles passieren kann. So kannst du besser mit den Dingen umgehen. Weißt du was auf dich zukommt, bist du besser vorbereitet und kannst von den Gefühlen nicht so leicht überwältigt werden. Du bist besser vorbereitet und mit einem gesunden Selbstbewusstsein kannst du die Reise in eine neue Ära für dich antreten. Sehe deine Pubertät als etwas Positives an. Du erlebst einen emotionalen und körperlichen Wandel, der dich schöner macht.

Der Vergleich mit anderen

Mache nicht den Fehler und vergleiche dich mit anderen. Konzentriere dich auf dich selbst. Das, was du bist, ist nicht nur Aussehen und Körper. In dir steckt so viel mehr. Du bist etwas Einzigartiges. Einen Menschen wie dich gibt es kein zweites Mal. Jeder Mensch ist einzigartig. Du bist etwas Besonderes und es gibt Menschen, die dich lieben, wie du bist und für die du etwas ganz Besonderes bist. Ein Mensch kann sehen, was vor seinem Auge erscheint, aber nicht das, was der Mensch im Herzen trägt und um genau das geht es. Sei kein Pessimist, sein ein Optimist. Alles schwarz zu sehen bringt dir nichts. Frage dich, ob das, was du fühlst, wirklich zutrifft. Hast du das Gefühl, die anderen beobachten dich? Dann frage dich, ob dem wirklich so ist oder ob du dir das vielleicht nur einbildest oder es dir jemand anderes einreden möchte. Kümmere dich nicht darum, was andere sagen oder denken. Deine eigene Meinung ist alles was zählt. Lege auch nicht jedes Wort auf die Goldwaage. Gerade in der Pubertät wirst du merken, dass du extrem sensibel bist und extrem sensibel auf vieles reagierst. Das heißt, manches kann dir heftiger vorkommen, als es tatsächlich der Fall ist.

Wie kann ich mich entspannen?

Zum einen solltest du auf deine Ernährung achten. Das gilt natürlich nicht nur für die Pubertät, sondern für dein ganzes Leben. Die Entspannung solltest du auch nicht unterschätzen. Gerade in der Pubertät fährt in deinem Kopf oft eine Achterbahn. Deine Gefühle fahren Achterbahn und dein Körper scheint gerade genau das zu machen, was er will. Du magst das Gefühl haben, nichts mehr unter Kontrolle zu haben. Das kann einen ganz schön durcheinanderbringen und ist auch sehr anstrengend, sowohl für deinen Geist, als auch für deinen Körper. Da ist die Entspannung das A und O. Mit der Entspannung ist aber nicht das daddeln auf dem Handy gemeint und auf der Couch rum gammeln. Viele verschiedene Entspannungsmöglichkeiten und Entspannungsvarianten stehen dir zur Auswahl. Zudem brauchst du ausreichend Schlaf. Dieser ist im Grunde das A und O der Entspannung. Ein bestimmtes Hobby, ein langes Bad oder ein Spaziergang können dir ebenfalls helfen, dich zu entspannen und dich ausgeglichener und wohler zu fühlen. Du kannst auch mal Yoga oder Meditation ausprobieren oder auch autogenes Training. Dies braucht einige Zeit bis du dich wirklich darauf einlassen kannst und es seine Wirkung zeigt. Daher bleibe am Ball und gib nicht direkt auf, wenn du nicht direkt ein Ergebnis spürst. Eventuell kannst du eine Freundin mitnehmen. Ich bin mir sicher, dass ihr Spaß haben werdet, und um Spaß geht es doch letztendlich.

Was tun bei unreiner Haut

Unterschiede gibt es auch hier. Der eine hat nur wenige oder gar keine Mitesser, nur hin und wieder mal einen Pickel, und der andere ist geradezu übersät von Akne. Ja, das ist ungerecht, aber es ist nicht zu ändern. Gehörst du zu denen, die mit viel Akne zu kämpfen haben? Mache dich deswegen nicht fertig. Wegzaubern kannst du sie ohnehin nicht. Schuld an den fiesen Dingern ist das männliche Hormon „Testosteron". Meist ist das Gesicht von der Akne betroffen, sowie der Rücken, der Nacken, das Dekollete und die Oberarme. Das liegt daran, dass gerade an diesen Stellen viele Talgdrüsen zu finden sind. Es ist daher ganz egal, beim Thema Akne, ob du ein Mädchen oder ein Junge bist. Das Testosteron haben beide Geschlechter in sich. Im Gesicht sind die Mitesser und Pickel besonders störend. Denke jetzt aber nicht, du seist deswegen nicht mehr attraktiv. Das ist Bullshit. Das lässt sich alles abdecken und gut verstecken. Wichtig ist, wenn du Kosmetika dafür nutzt, welche du benutzt. Ansonsten kann es passieren, dass sich schlimme Verunreinigungen der Haut ergeben. Das willst du bestimmt auf keinen Fall. Zudem sage dir immer, dass zu dir und deinem Aussehen, nicht nur dein Gesicht gehört. Ebenso gehören dazu: Die Frisur, deine Kleidung und noch einiges andere Dinge mehr. Halte dir immer vor Augen, dass kein Mensch perfekt ist, wenn es auch für dich so aussehen mag. Nicht das Aussehen eines Menschen ist das Wichtigste, sondern sein Charakter. Drücke die Pickel nicht aus oder kratze an ihnen herum. Deine Haut kann zu bluten anfangen und es können Narben entstehen. Am besten wäschst du deine Haut zweimal täglich, so entfernst du die Bakterien. Trägst du Make-up auf, dann entferne es am Abend gründlich. In der Drogerie gibt es eine große Auswahl an speziellen Produkten für unreine Haut. Bedenke aber, dass es etwas dauern kann, bis sich die ersten Ergebnisse zeigen. Trage das Produkt immer nur auf, wie es empfohlen wird. Ist es ganz schlimm oder du empfindest deine Akne als extrem und leidest sehr darunter, kannst du zu einem Hautarzt gehen. Er kann dir eine medizinische Creme verschreiben. Er kann schauen, welches Produkt, das Richtige für dich ist und dir dann ein Rezept für spezielle Medikamente, die bei unreifer Haut helfen, ausstellen. Die Pickel kannst du zudem mit einem Concealer abdecken.

Ich habe nichts zum Anziehen

Der Kleiderschrank ist voll, aber du hast nichts anzuziehen oder anders gesagt, ein ganzer Kleiderschrank voll, aber es ist nichts Passendes dabei. Gerade in der Pubertät fällt es dir noch schwerer, Entscheidungen zu treffen. Dies gilt für viele Bereiche, zu denen auch die Klamotten gehören. Da wird morgens vor der Schule vielleicht auch mal der ganze Inhalt des Kleiderschrankes herausgeholt. Heutzutage kommen noch die Markenklamotten hinzu, die einen höheren Stellenwert haben als noch vor zwanzig oder dreißig Jahren. Ebenso der Druck von außen. Höre einmal tief in dich hinein. Ist es wirklich wichtig, etwas zu tragen, weil es sehr teuer ist und alle anderen es tragen? Sind Klamotten nur etwas wert, weil sie gerade in sind? Ist es nicht viel schöner deinen eigenen Stil zu entwickeln, passend zu dir und deiner Persönlichkeit? Ist es nicht viel schöner, nicht das zu tragen, was alle anderen tragen und damit deine Einzigartigkeit noch weiter zu unterstreichen? Die Pubertät ist doch ohnehin die Phase, in der du dich ausprobieren möchtest. Du bist auf der Suche nach deiner eigenen Identität, nach dir selbst. Warum dann nicht auch beim Kleidungsstil? Trägst du lieber das, was dir gefällt und zu dir passt oder das, was die anderen tragen, weil es gerade in ist, dir aber eigentlich überhaupt nicht gefällt? Es gibt super schöne Kleidung in Tauschbörsen, auf dem Flohmarkt oder in Second Hand Läden. Damit schonst du nicht nur deinen Geldbeutel, sondern auch noch die Umwelt. Krame doch vielleicht auch einfach mal im Kleiderschrank deiner Mutter oder frage sie, ob sie noch Kleidung von sich als Teenager aufgehoben hat. Es ist doch viel schöner seinen eigenen Stil und Style zu haben, als das Abziehbild eines anderen zu sein. Probiere verschiedene Styles aus. Welcher Typ bist du? Welche Farben stehen dir am besten? Bist du eher der legere Typ, der Sportliche oder magst du es lieber eleganter. Kombiniere doch einfach mal verschiedene Stile miteinander. Erfinde einen ganz neuen Style, nämlich deinen eigenen. Gestalte dein Outfit auch nicht, weil du denkst, du würdest damit einem besonderen Jungen auffallen. Der Stil sollte zu dir und deinem Charakter passen und dein Aussehen und deine Person unterstreichen. Wem du nicht gefällst, so wie du bist und wie du dich anziehst, der hat dich eh nicht verdient. Verbiege dich nicht für andere.

Sich selber gefallen

„Wahre Schönheit kommt von Innen". Diesen Spruch solltest du dir immer vor Augen halten. Einzigartigkeit ist wunderschön. Statt zu versuchen, deinen Körper drastisch zu verändern, betone lieber die Stellen, die dir selber gut gefallen. Akzeptiere dich so wie du bist, denn es gibt einen Grund warum du so bist wie du bist, weil du genau so sein sollst. Die Natur hat dich so geschaffen. Es wird immer mal wieder vorkommen, dass du dich selbst kritisierst. Selbst wunderschöne Modells finden etwas an sich, dass ihnen so gar nicht gefällt. Halte dann inne und überlege, wie du einen Freund, der in der Situation ist, in der du gerade steckst, behandeln würdest. Genauso solltest du auch mit dir umgehen. Vielleicht gibt es äußerliche Merkmale oder Wesenszüge an dir, die du selber zu schätzen weißt, weil du sie geerbt hast oder von einer Person übernommen hast, die dir sehr viel bedeutet. Ein Mensch zu sein bedeutet Fehler und Makel haben zu dürfen. Liebe deine Einzigartigkeit. Entwickele deine ganz persönlichen Eigenschaften weiter, welche du kontrollieren kannst, wie beispielsweise deine Persönlichkeit, deine Gesundheit, deine Intelligenz, deine Talente.

Jeder ist einmal schlecht gelaunt und gerade in der Pubertät fahren deine Gefühle sowieso Achterbahn. Gib auf dich acht. Achte auf deinen Gesichtsausdruck. Machst du eine finstere Miene und legst die Stirn in Falten, kannst du noch so hübsch sein, du wirkst unattraktiv und einschüchternd. Versuche freundlich zu lächeln. Dein Gesicht erscheint so heller, freundlicher und aufgeschlossener und wirkt sich zudem positiv auf neue Bekanntschaften aus.

„Bitte“ und „Danke“ sind Begriffe, die immer ihre Daseinsberechtigung haben sollten. Respekt und Höflichkeit anderen Menschen gegenüber gehört zum guten Ton. Der Begriff „Entschuldigung“ oder ein freundliches: „Entschuldigen Sie bitte“, nimmt einer Situation die Schärfe.

Nimm Anteil am Leben der anderen. Zeige ihnen, dass du dir Sorgen um sie machst, wenn du bemerkst, dass die Person sich zurückzieht oder traurig schaut. Frage freundlich, was los ist, ob du helfen kannst und ob die Person reden möchte. Höre aufmerksam zu, wenn du merkst, dass sie sich mitteilen möchte. Selbst wenn die Probleme, die sie hat, für dich nicht nachvollziehbar sind. Zeige ihr gegenüber Verständnis. So zeigst du ihr, dass du dich für sie interessiert und dass sie dir am Herzen liegt. Die Person wird deine Fürsorge zu schätzen wissen und es als eine schöne Eigenschaft an dir empfinden.

Anerkennung und Lob braucht jeder Mensch. Es stärkt das Selbstvertrauen und das Selbstbewusstsein und macht glücklich. Auch Stolz auf sich zu sein, ist ein gutes Gefühl. Du könntest dich zum Beispiel bewusst um das Wohlergehen von anderen kümmern, indem du in einem Seniorenheim, einer Suppenküche oder einem Tierheim ehrenamtlich arbeitest. Es gibt diesbezüglich noch viele andere Möglichkeiten. Vielleicht wohnt ja in deiner Nähe eine einsame, ältere

Dame, die gerne hin und wieder mal etwas Gesellschaft hätte. Versuche im Allgemeinen hilfsbereiter und positiver zu sein. Du wirst merken wie sich dein Gefühl verändert. Je hilfsbereiter und positiver du anderen Menschen gegenüber bist, desto mehr Glück wirst du selber empfinden. Vielleicht passiert es sogar, dass du dich plötzlich nicht mehr auf deine Fehler und deine Makel konzentrierst und sie plötzlich nicht mehr so wichtig sind. Du erkennst vielleicht plötzlich, dass in dir viele bewundernswerte und gute Eigenschaften stecken.

Schule ist sicherlich kein Zuckerschlecken, und gerade in der Pubertät nervt sie manchmal ganz besonders. Da hast du den Kopf echt voll mit anderen Dingen. Dennoch sind die Schule und das Lernen wichtig für deinen weiteren Lebensweg. Du musst jetzt nicht bis zur völligen Erschöpfung büffeln, weil du glaubst, deine Eltern erwarten das von dir. Mit Druck erreichst du gar nichts. Wichtig ist, dass du weißt, und andere sehen, dass du dir Mühe gibst.

Du machst ein Hobby gerne oder hast ein besonderes Talent? Dann halte daran fest und baue es weiter aus. Habe keine Angst dich etwas zu trauen und keine Angst davor zu scheitern. Rückschläge sind normal und es ist noch kein Meister vom Himmel gefallen. Sei offen für neue Fähigkeiten und Hobbys und konzentriere dich nicht nur auf eine Sache. So kannst du als Person wachsen und kultivierter werden.

Sei neugierig und sauge Wissen auf. Sei achtsam und gehe mit offenen Augen durch die Welt. Schaue, ob du unter allem Altbekannten in deinem Umfeld, das du gewohnt bist, Anderes und/oder Neues entdeckst. Vielleicht bemerkst du etwas, was dir zuvor gar nicht aufgefallen ist. Versuche neue Kulturen, Themen und Orte kennenzulernen und schaue wo es Ähnlichkeiten und Unterschiede gibt. Bleib dein ganzes Leben lang neugierig. Strebe dein Leben lang danach, dein Wissen über die Welt zu vertiefen. Du wirst merken, es macht nicht nur irrsinnig viel Spaß, sondern du erlebst viele neue und aufregende Dinge. Zudem bekommst du nach und nach eine ganze

Schatztruhe voll mit Informationen, die absolut faszinierend sind. Sie helfen dir dabei, Verbindungen zu anderen Menschen herzustellen.

Kleines Quiz!

Lösungen befinden sich am Ende dieses Buches

1. **Wie nennen Teenager ihre Mutter?**
   kleine Zicke
   ___
2. **Was ist Achselfasching?**
   ___
3. **Was kann man unter einer Bambusleitung verstehen?**
   ___
4. **Kennst du Banalverkehr?**
   ___
5. **Was ist eigentlich Beef?**
   ___
6. **Hast du schon einmal etwas von Bratan gehört?**
   ___
7. **Hast du dich schon einmal eingewrapt?**
   ___
8. **Haben Freunde schon einmal zu dir gesagt, dass sie fernschimmeln?**
   ___
9. **Kennst du einen Fleischdesigner?**
   ___
10. **Na, schon einmal das Wort „Habibi" gehört?**
   ___

11. **Hat schon mal jemand zu dir „Mashallah“ gesagt und kennst du die Bedeutung?**

____

12. **Was bedeutet eigentlich “sozialtot” ?**

____

13. **Kennst du auch einen Teilzeittarzan?**

____

14. **Na, schon einmal von einer Vollpfostenantenne gehört?**

____

15. **Kennst du vielleicht auch das Wort „wack“?**

____

Unterwegs zwischen zwei Welten - Sex und das eigene Geschlecht

Kann ich mit 14 Jahren ein Baby bekommen?

Schwanger zu werden, ist im Leben einer Frau ein bedeutendes Ereignis. Wie mag es dann erst sein, wenn du mit 14 schwanger wirst? Sobald du deine Periode bekommst, kannst du schwanger werden. Mit 14 darfst du Sex haben. Daher solltest du, wenn du dies möchtest, Vorsorge treffen, damit du nicht ungewollt schwanger wirst. Wirst du mit 14 schwanger, ist dies eine Risikoschwangerschaft. Für dich bedeutet das, dass du in kürzeren Abständen Termine beim Frauenarzt wahrnehmen musst. Dein Körper ist noch nicht komplett ausgebildet und deine Gebärmutter ist daher oft noch nicht fähig, dem Ungeborenen Kind genug Nährstoffe und Sauerstoff zu geben. Dadurch kommt es häufiger zu Fehl- oder Frühgeburten.

Die Babys wiegen statistisch gesehen weniger als die Babys von Müttern, die über 20 Jahre alt sind. Oftmals geschieht es auch, dass die Schwangerschaft erst recht spät bemerkt wird, zum Beispiel wegen der unregelmäßigen Periode. Das hat zur Folge, dass die Einnahme von wichtigen Nährstoffen, wie unter anderem Folsäure, erst recht spät erfolgt. Die Ernährung eines Teenagers ist manchmal ungesünder als die einer erwachsenen Frau. Es wird mehr Fastfood gegessen, mehr Alkohol konsumiert und mehr geraucht. Für das ungeborene Kind und seine Entwicklung ist das nicht gut. Bei der Geburt kann es vermehrt zu Komplikationen kommen. Im Alter von 14 Jahren wächst dein Becken noch und dein Geburtskanal ist zudem enger. Daher ist in dem Alter bei der Geburt oft ein Kaiserschnitt notwendig.

Du bist mit 14 Jahren noch minderjährig. Wirst du in dem Alter schwanger, ergeben sich Sonderregelungen. Du hast keinen Anspruch auf das alleinige Sorgerecht. Normalerweise kümmert sich das Jugendamt um den Vormund, wie beispielsweise deine Eltern. Ist der

Kindesvater volljährig, kann dieser ebenfalls als Vormund einspringen. Er ist verpflichtet Unterhalt zu zahlen, sofern ihr nicht zusammen in einem Haushalt lebt. Ist er nicht in der Lage Unterhalt zu zahlen, bekommst du vom Jugendamt einen Unterhaltsvorschuss. Wie auch andere schwangere Frauen, steht dir Mutterschutz, sowie Elternzeit und Elterngeld zu. Sechs Wochen vor der Geburt beginnt der Mutterschutz und endet maximal acht Wochen nach der Geburt. Du kannst Elternzeit und Elterngeld beantragen. Gehst du nach der Geburt wieder in die Schule, können deine Eltern als Großeltern die Leistung alternativ beanspruchen. So können sie sich um dein Baby kümmern.

Die Nachricht, mit 14 schwanger zu werden, musst du sicher erst einmal verdauen. Vertrau dich unbedingt jemandem an und sprich mit ihm über deine Sorgen, deine Ängste und deine Hoffnungen. Deine Familie sollte für dich die erste Anlaufstelle sein oder der Vater deines Kindes. Im Falle von schwierigen Familienverhältnissen, gibt es dafür Beratungsstellen, die dir weiterhelfen können. Die Caritas, Diakonie oder Pro Familia bieten unter anderem ein solches Hilfsangebot an. Entweder kannst du vor Ort ein Gespräch vereinbaren oder dich rund um die Uhr telefonisch dort melden. Die Berater haben Schweigepflicht. Deine Eltern sind vom Gesetz her dazu verpflichtet, dir finanzielle Unterstützung zukommen zu lassen. Geht dies aus irgendwelchen Gründen nicht, springt das Jugendamt ein. Es kann dir beispielsweise einen Platz in einem Mutter-Kind-Heim vermitteln. Hast du dich dazu entschlossen, das Kind nicht zu bekommen, kann bis zur 12. Schwangerschaftswoche ein Schwangerschaftsabbruch durchgeführt werden. Bist du jünger als 16 Jahre, brauchst du dafür die Zustimmung deiner Eltern. In Selbsthilfegruppen oder bei Hebammen kannst du dir Unterstützung suchen.

Ist Geschlechtsverkehr mit 14 verboten?

Das erste Mal miteinander zu schlafen ist ein spannender Augenblick und ein großer Schritt in deinem Leben. Du solltest nicht leichtfertig mit dem Wunsch umgehen. Warte bis du ein gutes Bauchgefühl hast und es dir sagt, die Person ist die Richtige. Lasse dich niemals zum Sex überreden, wenn beispielsweise der Junge, den du gerne magst, nur mit dir zusammen sein möchte, wenn du mit ihm schläfst. Lasse dich nicht manipulieren, wenn dein Freund sagt, er würde mit dir Schluss machen, wenn ihr keinen Sex habt. Es muss immer deine freie Entscheidung sein und kein Zwang, nur um dem Jungen zu gefallen oder weil du denkst, es wird von dir erwartet. Wann du soweit bist, ist ganz alleine deine Sache. Nur weil deine Freundinnen schon mit einem Jungen geschlafen haben, heißt das nicht, dass du es auch musst. Lasse dir nichts einreden von wegen: „Wie, du bist 14 und hast noch keinen Sex gehabt?“

Höre auf deine innere Stimme. Ist einer von euch beiden noch unter 14, dann wartet lieber noch mit dem Sex, selbst, wenn ihr beide es euch sehr wünscht und Lust dazu habt. Der Ältere von euch macht sich dann strafbar. Strafbar macht er sich auch dann, wenn er nur ein kleines bisschen älter ist. Wenn du beispielsweise gerade erst Geburtstag hattest und 14 Jahre alt geworden bist. Ihr seid frisch verliebt und total glücklich miteinander, doch lasst euch mit dem Sex ausreichend Zeit. Ihr werdet nicht automatisch erwachsen, weil ihr Sex hattet. Zur Liebe gehört so viel mehr. Sex ist ein ganz kleiner Bestandteil und ihr könnt euch auf andere Weise viel mehr zeigen, dass ihr euch liebt. Die gesetzliche Regelung zum Sex gilt auch für andere Dinge.

Bist du 14 Jahre alt, ist es dir erlaubt, dem anderen sexuell näherzukommen. Ihr braucht keine Angst davor zu haben, dass es rechtliche Konsequenzen für euch hat. Natürlich unter der Voraussetzungen, der Sex ist einvernehmlich, das heißt, ihr wollt ihn beide ohne Zwang. Denkt an die Verhütung, sonst kann es schnell passieren, dass aus Spaß ernst wird.

Sind die Grundvoraussetzungen erfüllt, du hast das Alter von 14 Jahren erreicht und bist deinem Freund gegenüber kein Schutzbefohlener, können auch deine Eltern dir sexuelle Erfahrungen nicht mehr verbieten. Was sie dir verbieten können ist, gemeinsam miteinander bei dir zu übernachten. Das dürfen sie dir sogar noch verbieten, bis du mit 18 Jahren volljährig bist. Deine Eltern haben das Hausrecht. Sie dürfen demnach darüber bestimmen, wer sich bei euch zu Hause aufhält und für wie lange.

Was ist eigentlich Petting?

Was die körperliche Liebe betrifft, gibt es viele Formen. Eine davon ist das Petting. Petting ist die Bezeichnung dafür, wenn ihr euch gegenseitig am ganzen Körper liebkost und streichelt. Den Intimbereich schließt das natürlich mit ein. Fällt der Intimbereich weg, heißt es Necking.

Wie ihr es praktiziert, bleibt euch überlassen. Was dem einen gefällt, mag der andere nicht. Ob über das Höschen streicheln oder sich der Kleidung entledigen. Spaß machen soll es und zwar beiden. Zieht ihr euch ganz aus, wird das Feuer natürlich mehr entfacht. Ihr könnt beispielsweise auf den BH und das Höschen verzichten, aber die übrige Kleidung anlassen.

Bei jedem sind die erogenen Zonen anders. Der eine ist besonders sensibel an einer bestimmten Stelle, wo ein anderer weniger sensibel ist. Es kommt also darauf an, wo bei dir die erogenen Zonen sind und welche davon bei dir besonders sensibel sind. Diese Zonen sollten ausgiebig mit dem Mund und der Hand liebkost werden.

Sollte während des Pettings Sperma in deine Scheide gelangen, dann kannst du dadurch schwanger werden. Möchtest du nicht unbedingt demnächst im Baumarkt die Tapete für das Kinderzimmer aussuchen und die ersten Kindermöbel kaufen, solltet ihr es vermeiden, dass Sperma in deine Vagina gelangt.

Du kannst dir durch Petting zudem Geschlechtskrankheiten einfangen. Zu diesen gehören Syphilis, Chlamydien und Tripper. Übertragen werden können sie durch Körperstellen, die infiziert sind. Es gilt also:

Alle beide vorher ab zum Gesundheitscheck. Es ist theoretisch auch möglich, sich beim Petting mit HIV anzustecken. Das ist jedoch äußerst selten.

Kann ich mir die Antibabypille verschreiben lassen?

Ja, du kannst dir die Pille verschreiben lassen, sogar ohne dass deine Eltern davon wissen. Besser ist es aber, du sprichst mit ihnen darüber. Im Grunde ist es ganz einfach. Du gehst zum Frauenarzt und, nachdem er dich untersucht hat, kann er dir ein Rezept für die Pille ausstellen. Doch nicht für jedes Mädel ist es einfach über dieses Thema zu sprechen. Der Hauptgrund dafür ist, dass die Pille, was die Verhütungsmethoden betrifft, die gängigste Methode ist. Möchtest du die Pille haben, signalisierst du damit auch, dass du dazu bereit bist, Sex zu haben. Manchem ist das peinlich. Vielleicht sind es auch die Bedenken, die Eltern könnten damit nicht einverstanden sein und ein Verbot für die Pille und für den Sex aussprechen. Gerade die jüngeren Mädchen, die gerade einmal 14 oder 15 Jahre alt sind, haben oftmals Scheu mit den Eltern über dieses Thema zu sprechen.

Bist du unter 14 Jahren, sollte es für den Frauenarzt selbstverständlich sein, dass er dir die Pille nicht verschreibt, ohne dass deine Eltern eine Einverständniserklärung unterschrieben haben.

Zwischen dem 14. und dem 16. Lebensjahr, wenn du also vom Gesetz her Sex haben darfst und dein Frauenarzt die Meinung vertritt, du hast dazu die nötige Reife, kann er dir die Pille verschreiben. Du brauchst dann keine Einverständniserklärung deiner Eltern. Um die Pille zu erhalten, kannst du einen Frauenarzt aufsuchen, ohne dass deine Eltern Bescheid wissen. Mache einen Termin aus und denke an deine Versichertenkarte. Sofern nach der Untersuchung nichts dagegen spricht, stellt dir der Frauenarzt das Rezept aus. Du kannst dann damit in der Apotheke das Präparat abholen. Für Jugendliche ist die Pille kostenlos.

Deinen Eltern gegenüber hat der Frauenarzt Schweigepflicht. Solange du keine ernsthafte Erkrankung hast und eine entsprechende Behandlung brauchst, darf er deine Eltern nicht über deinen Besuch in Kenntnis setzen. Über all das, was du mit dem Frauenarzt besprochen hast, darf er mit niemandem sprechen. Solltest du dennoch Zweifel haben, sprich mit ihm über deine Unsicherheit.

Sicherlich scheust du dich ein wenig über dieses ganze Thema mit deinen Eltern zu sprechen. Denke aber daran, auch ihnen erging es mal so und sie werden dir keinesfalls den Kopf abreißen. Ganz im Gegenteil. Sie werden sich sicherlich freuen, dass ihr euch so gut versteht, dass du mit ihnen über dieses Thema sprechen möchtest. Sie werden sich freuen, dass du dich ihnen anvertraust und sie werden merken, dass du Verantwortungsbewusstsein zeigst und sie dir vertrauen können. Zudem ist es ihnen doch auch wichtig, dass du, was das ganze Thema betrifft, genau Bescheid weißt, ohne Stress an die Sache herangehen kannst und sie keine Angst haben müssen, plötzlich sehr junge Großeltern zu werden. Vertraust du dich deinen Eltern an, sind auch sie beruhigt.

Mädchen sprechen eher mit ihrer Mutter über das Thema und die Jungs mit dem Vater. Denke darüber nach, ob du lieber mit deiner Mutter oder deinem Vater über das Thema sprechen möchtest. Verwahren deine Eltern deine Versicherungskarte, kannst du zum Beispiel deine Mutter bitten, dir deine Versichertenkarte zu geben. Sage ihr, dass du sie für einen Besuch beim Frauenarzt brauchst, sie sich aber keine Sorgen machen muss, sondern du nur einige Fragen an ihn hast. Teile ihr mit, dass du dir gerne die Pille verschreiben lassen möchtest. Deine Eltern brauchen sich so keine unnötigen Sorgen zu machen. Hast du noch keine Versicherungskarte, kannst du bei deiner Krankenkasse anrufen und du bekommst dann eine zugeschickt. Dies geht normalerweise automatisch bevor du das 15. Lebensjahr erreicht hast. Vielleicht kann deine Mutter dir auch einen Frauenarzt empfehlen. Möchte deine Mutter mehr wissen, siehe das als gutes Zeichen. Sie zeigt Interesse an dir und was dich beschäftigt. Du kannst sie ruhig auch mal fragen, in welchem Alter sie das erste Mal beim Frauenarzt war. Manche Mütter nehmen ihre Töchter ab einem gewissen Alter mit zu ihrem Frauenarzt, wenn sie die Untersuchungen haben. So kann das Mädchen ohne Angst und Stress dabei sein und sich das ganze einmal anschauen und weiß, was auf es zukommt. Vielleicht hat deine Mutter ja auch den ein oder anderen Rat für dich. Es ist jedoch absolut in Ordnung deiner Mutter, beziehungsweise deinen Eltern zu sagen, dass du gerade nicht darüber sprechen möchtest. Du kannst natürlich auch mit einer Freundin zu deinem Frauenarzt gehen, dann fühlt man sich nicht ganz so alleine.

Ist es möglich, dass ich alleine Kondome kaufen gehe?

Es gibt keine Altersbeschränkung beim Kauf von Kondomen. Du kannst also ohne Bedenken, auch wenn du noch gar keinen Sex haben möchtest, dir zum Anschauen Kondome kaufen. Natürlich kannst du sie auch direkt für die Verhütung kaufen. Bei der Selbstbefriedigung können Jungs Kondome testen. Dann wissen sie, ob es auch richtig sitzt. Wichtig ist, dass das Kondom passt. Ist es dir peinlich sie in der Apotheke zu kaufen, kannst du sie anonym in der Drogerie besorgen. Es muss dir absolut nicht peinlich sein. Sollte dich dennoch jemand komisch anschauen, ein anderer Kunde zum Beispiel oder die Kassiererin, stehe einfach drüber. Es kann dir egal sein, was andere denken.

Was ist der Unterschied zwischen sozialem und biologischem Geschlecht?

Das soziale Geschlecht ist das Gegenstück zum biologischen Geschlecht. Das biologische Geschlecht teilt die Menschen in

„männlich“ und „weiblich“ ein. Das Geschlecht lässt sich anhand bestimmter Merkmale bestimmen. Es umfasst das gonodale, hormonelle, chromosomale und innere genitale Geschlecht, das heißt, es bezieht sich auf die Geschlechtsorgane des menschlichen Körpers.

Das soziale Geschlecht beschreibt das psychologische Geschlecht im Sinne der Identität des Geschlechts. Im engeren Sinne ist es bezogen auf die Präsentation des Geschlechts, den Ausdruck des Geschlechts und die Geschlechterrolle. Es wird eingestuft anhand der Bewertung von Aussehen, Handlungsweisen und Körpersprache in „männlich“ oder „weiblich“.

Was bedeutet lesbisch?

Frauen, die sich auf eine körperliche und romantische Art und Weise lieben, sind lesbisch. Wenn du das, was ein Mädchen für ein Jungen, für ein Mädchen empfindest, bist du lesbisch. Du teilst dein Leben und deine Sexualität mit einem anderen weiblichen Geschlecht. Das ist keinesfalls pervers oder krank. Es ist eine bestimmte Lebensform, von denen es verschiedene gibt. Lesben sind weniger interessiert an flüchtigen, unpersönlichen Sexualkontakten, als dies bei Schwulen der Fall ist. Sie haben lieber monogame Zweierbeziehungen. Es handelt sich um eine gleichgeschlechtliche Liebe. Es gibt Zeitepochen und Kulturkreise, wo diese Lebensform immer schon angesehen war.

Was bedeutet schwul?

Liebt ein Junge einen anderen Jungen, dann ist er schwul. Es ist völlig normal und weder krank noch pervers. Jeder Mensch ist anders. Jungs fühlen sich zu Männern, und nicht zu Frauen, sexuell hingezogen. Es kommt vor, dass zwei Jungs wesentlich mehr als nur Freundschaft füreinander empfinden. Sie haben dann eine Beziehung zueinander. Du kannst dies vergleichen mit einer Beziehung, die du zu einem anderen Jungen hast. Die Liebe ist die Gleiche. Es ist heutzutage recht normal geworden, dass gleichgeschlechtliche Partner auf der Straße zu sehen sind. Sie dürfen sogar heiraten, was vor einigen Jahren noch nicht möglich war.

Was genau ist eigentlich ein Porno?

Siehst du in einem Film nackte Menschen, ist das noch lange kein Porno. Pornografie bedeutet übersetzt: Grobe Darstellungen des Sexuellen, welcher in einer, den Sexualtrieb aufstachelnden Weise, den Menschen zum bloßen, auswechselbaren Objekt, geschlechtlicher Begierde degradiert. Zur Pornografie gehören Zeichnungen, Fotos, Filme, Romane, Tonaufnahmen und Geschichten, in denen sexuelle Szenen gezeigt werden. Ebenso gehörten oftmals Gegenstände, welche bei sexuellen Darstellungen verwendet werden, wie beispielsweise Dildos, dazu. Pornos werden dafür extra gemacht. Ein Porno dient der sexuellen Erregung der Zuschauer. Ein richtiges Vorspiel gibt es in Pornos eher nicht. Oft wird nur gezeigt, was die Darsteller tun, wenn sie bereits erregt sind.

Gibt es mit 14 Verbote im Bereich der sexuellen Ausführung/Erkenntnis?

Bist du unter 14 Jahren, sind sexuelle Handlungen verboten. Diese können strafrechtlich verfolgt werden. Je nachdem, um welchen Tatbestand es sich handelt, gibt es Grenzen bei den Altersstufen 16 und 18 Jahren. Strafbar ist schon der Versuch eines Sexualkontaktes mit einem Kind. Haben Kinder angeblich eingewilligt, wie es Betroffene sagen, gelten solche Aussagen rechtlich nicht. Strafbar macht sich der, der an sich selbst oder vor einem Kind sexuelle Handlungen ausübt. Dies gilt ebenfalls für das Vorführen von solchen Videos vor Kindern. Ist einer von euch beiden noch unter 14 Jahren, ist der Sex strafbar. Ist einer von euch über 21 und die andere Person 14 oder 15 Jahre alt, ist der Sex ebenfalls strafbar, wenn der Minderjährige nicht seine

Zustimmung zum Sex gegeben hat. Du darfst also mit 14 nur Sex haben, wenn der Altersunterschied zwischen euch beiden nicht zu groß ist. Zudem ist er nur dann erlaubt, wenn ihr beide freiwillig Sex habt und keiner gezwungen wird.

Lebe dein Leben, aber verliere nie dein Ziel aus den Augen

Du bist mit 14 Jahren kein Baby mehr. Das ist nicht nur dir klar, sondern sollte auch für deine Eltern selbstverständlich sein. Jetzt fängt für dich ein ganz neues, spannendes Leben an und du musst deinen Weg gehen. Du musst selbst herausfinden, was du eigentlich möchtest, was dir wichtig ist und was nicht. Wichtig in deiner Entwicklung ist natürlich dein erster Freund, die beste Freundin und eventuell auch deine Clique.

Du hast in dem Alter bestimmt Wünsche und Vorstellungen. Hast du dir schon einmal Gedanken darüber gemacht, was dein Traumberuf ist, was du später einmal machen möchtest? Wo liegen deine Interessen, deine Bedürfnisse und welche Vorstellungen hast du? Hast du ein Ziel vor Augen? Dann solltest du dieses verfolgen. Du solltest dich genau erkundigen, was erforderlich ist, welchen Schulabschluss du brauchst und bei einem Beruf, welche Voraussetzungen du erfüllen musst. Lasse dich von deinem Weg nicht abbringen, verfolge deine Ziele. Es werden dir sicherlich einmal Steine in den Weg gelegt, dann musst du Stärke beweisen.

Es ist ausgesprochen wichtig, dass du dich von anderen Menschen niemals negativ beeinflussen lässt. Es gibt immer Menschen, die scheinen deine Freunde zu sein, aber denken nur an sich und an ihre Vorteile. Diese musst du lernen zu erkennen. Es ist nicht einfach, daher gehe einfach mit Vorsicht auf andere Menschen zu, aber gebe ihnen dennoch eine Chance sich dir zu beweisen. Nicht alle Menschen sind schlecht. Du solltest ruhig offen sein, aber dennoch deine größten Geheimnisse, Wünsche und Träume nicht gleich verraten.

Antworten Quiz

Zu 1 Früher sagte man Mutti, was heute recht uncool ist, daher ist die Mutti zur Mama geworden.

Zu 2 Die richtige Antwort ist Achselhaare.

Zu 3 Hier spricht man von einer schlechten Internetverbindung.

Zu 4 Ein schlechter Chatverlauf wird so beschrieben.

Zu 5 Hiervon spricht man, wenn man Streit mit jemanden hat.

Zu 6 Ist die Rede von Diesem, dann ist ein Kumpel gemeint.

Zu 7 Dieser Spruch kommt, wenn du dich in eine Decke einrollst und ähnlich wie ein Wrap aussieht.

Zu 8 Die Rede ist jetzt davon, dass man nicht an seinem gewohnten Platz chillt oder sich trifft.

Zu 9 Hier ist die Rede von einem Chirurgen.

Zu 10 Das ist dein Schatz oder dein Liebling.

Zu 11 Dieses Wort wird verwendet, wenn man jemanden lobt.

Zu 12 Mit diesem Wort wird jemand beschrieben, der nicht in den sozialen Medien ist.

Zu 13 So jemand benimmt sich hin und wieder wie ein Affe.

Zu 14 Mit dieser Bezeichnung ist ein Selfie-Stick gemeint.

Zu 15 Hier ist die Rede von langweilig oder uncool.

Dieses Buch widme ich Z.C.

Sie ist ein wunderbarer Mensch und eine tolle Freundin. Ihre Erfahrungen und Wissensschatz als Mutter von drei Töchtern war mir von großer Bedeutung und hilfreich beim Schreiben dieses Buches.

Danke

Vielen Dank, dass du dir die Zeit genommen hast, meine coolen, oder auch manchmal uncoolen, Ratschläge und Weisheiten zu lesen. Sicherlich hast du das Ein oder Andere wiedererkannt, und kennst das in einer ganz bestimmten Situation. Siehst du deine Eltern vielleicht jetzt mit ganz anderen Augen? Magst du deine sonst nervigen Geschwister eventuell jetzt etwas lieber oder ist immer noch alles uncool, langweilig und total ätzend? Ich hoffe, dass dir meine Tipps ein bisschen weiterhelfen konnten, und du eventuell jetzt auch eigene Ideen entwickeln konntest, wie du gewinnen kannst, ohne deine Eltern zu verärgern. Ich wünsche dir viel spaß beim Ausprobieren.

Rechtliches

Alle Angaben in diesem Buch erfolgen nach bestem Wissen und Gewissen.

Sorgfalt bei der Umsetzung ist indes dennoch geboten.

Haftungsansprüche gegen den Autor, welche sich auf Schäden gesundheitlicher, materieller oder ideeller Art beziehen, die durch Nutzung oder Nichtnutzung der dargebotenen Informationen bzw. durch die Nutzung fehlerhafter und unvollständiger Informationen verursacht wurden, sind grundsätzlich ausgeschlossen, sofern seitens des Autors kein nachweislich vorsätzliches oder grob fahrlässiges Verschulden vorliegt.

Dieses Buch ist kein Ersatz für eine medizinische oder professionelle Beratung und Betreuung.

Suchen Sie vor einer Ernährungsumstellung unbedingt vorher einen Facharzt auf.

Jahr der Veröffentlichung: 2021

1.Auflage

Impressum

Die Autorin Sarah Berg ist vertreten durch:

Aziz Ünal

Alzeyer Str. 20

55278 Undenheim

Covervorgestaltung: fiverr.com/germancreative

Coverfoto: despositphotos.com

E-Mail: autor.berg@gmail.com

Printed in Poland
by Amazon Fulfillment
Poland Sp. z o.o., Wrocław

84058617R00054